ま・す・ま・す
常識やぶりの
アイデア
おやつ

「材料4つまで」の

syun cooking 著

100レシピ

大和書房

はじめに

お菓子作りは、ちょっとした工夫でものすごく簡単になるし、楽しくなる。それをみなさんに知ってもらいたくて、SNSで簡単に作れるスイーツレシピを発信し続けています。
1冊目の『常識やぶりのアイデアおやつ』を出版してから、「子どもがひとりで作れてよろこんでいました」「お菓子作り初心者ですが、失敗せずに作れました」など、たくさんのうれしい声をいただいています。本当にありがたい限りです。
本書では、第2弾として、もっと簡単に、もっと手軽に、身近にある食材や市販菓子を使って作るおやつを100品用意しました。中には、型いらずの、牛乳パックやヨーグルトカップをそのまま使うレシピもあります。
材料はもちろん4つまで。特別な道具や材料を用意しなくても作れるものばかりなので、「今食べたい！」と思ったら、買い物に行かずともすぐに作れちゃいます。

みなさんにとって、お菓子作りがますます幸せな時間になりますように──。

2024年8月吉日
syun cooking

Contents

はじめに 2
アイデアおやつの神ルール 8
これを使えば超カンタン!! 9
型や道具も身近なもので 10

INDEX【調理方法別】 154
INDEX【おやつ別】 156
INDEX【材料別】 158

CHAPTER 1 クッキーやビスケットで

サクサク濃厚生チョコオレオサンド 12
オレオメレンゲクッキー 13
ザクザクオレオチョコレート 14
チョコレートアイスケーキ 16
オレオでアイスクリーム 18
電子レンジでオレオケーキ 19
チョコレートムースケーキ 20
アイスサンドクッキー 22
クリームチーズサンドクッキー 23
生チョコサンドクッキー 24
バター不要のチーズケーキタルト 26
冷やすだけのいちごタルト 28
簡単!レアチーズタルト 29
タルトタタン 30
チーズベリーヌ 32
ビスケットでチーズクリームサンド 33
いちごのグラスケーキ 34
ビスケットでフロランタン 35
ココナッツサブレでフロランタン 36

CHAPTER 2 アイスクリームで

- スーパーカップでカヌレ … 38
- ふわふわドーナツ … 40
- スイートポテトケーキ … 41
- カップのままティラミス … 42
- モンブラン … 44
- フライパンでりんごケーキ … 46
- スイートポテトタルト … 48
- スーパーカップでパン … 50
- チョコもち … 51
- チョコレートドーナツ … 52
- ふわふわチョコカップケーキ … 53
- チョコスコップケーキ … 54
- 生チョコケーキ … 56
- 抹茶チーズケーキ … 57
- 抹茶チョコケーキ … 58

CHAPTER 3 ヨーグルトやプリンで

- パックそのままレアチーズケーキ … 60
- 炊飯器でヨーグルトケーキ … 62
- ヨーグルトでレアチョコケーキ … 63
- ヨーグルト蒸しパン … 64
- ヨーグルトチョコアイス … 65
- いちごとブルーベリーのヨーグルトアイス … 66
- 生チョコタルト … 68
- ココア大福 … 69
- オイコスでスフレチーズケーキ … 70
- マシュマロヨーグルトケーキ … 72
- 濃厚チーズケーキ … 73
- 牧場の朝でティラミス … 74
- ヨーグルトパウンドケーキ … 75
- プリンマフィン … 76
- プリンチーズケーキ … 78

CHAPTER 4 飲み物や市販菓子で

- 牛乳パックでマシュマロチーズケーキ ……… 80
- パックそのままフルーツ牛乳寒天 ……… 82
- 牛乳パックで寒天チョコレートケーキ ……… 84
- いちごミルクで蒸しパン ……… 85
- お鍋でコーヒー牛乳蒸しパン ……… 86
- コーヒー牛乳パックプリン ……… 88
- カップそのままカフェラッテゼリー ……… 90
- ミルクココアケーキ ……… 92
- パックそのままフルーツゼリー ……… 93
- ジュースでフルーツグミ ……… 94
- 小枝でチーズケーキ ……… 96
- いちごのミルフィーユ ……… 97
- キットカットでチョコケーキ ……… 98
- チョコパイで濃厚チョコレートケーキ ……… 100
- マシュマロだけでメレンゲクッキー ……… 102
- チョコクッキー ……… 104
- 生チョコ ……… 105
- フォンダンショコラ ……… 106
- キャラメルバナナケーキ ……… 108
- キャラメルパウンドケーキ ……… 110
- キャラメルプリン ……… 112

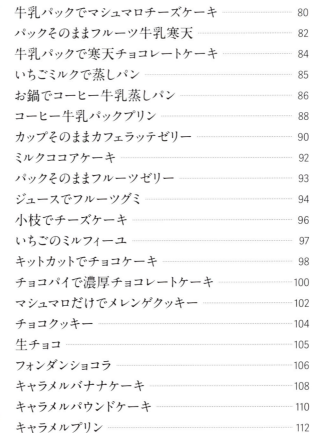

本書では

- ◎できあがり具合は調理環境によって異なります。
- ◎できあがり分量や調理時間はおおよその目安です。
- ◎記載がない場合、電子レンジの加熱時間は500W、トースターの加熱時間は1000Wでのおおよその目安です。状態を見ながら調整してください。
- ◎炊飯器は、各メーカーの取扱説明書に則ってご使用ください。
- ◎市販品を多く使用していますが、入手が難しい場合は代替品を使ってください。
- ◎それぞれのレシピに関連動画のQRコードを掲載していますが(一部掲載なし)、材料や作り方が動画と異なっているものもあります。あくまで参考動画としてご視聴ください。

CHAPTER 5 絹ごし豆腐で

- チョコチップスコーン … 114
- 豆腐ガトーショコラ … 115
- 豆腐でレアチョコタルト … 116
- 豆腐プリン … 117
- 豆腐でティラミス … 118
- ボウルのままココア蒸しパン … 119
- 豆腐きな粉ドーナツ … 120
- ガトーきな粉 … 122
- 豆腐もち … 123
- 豆腐でまんじゅう … 124
- 豆腐でちぎりパン … 126

CHAPTER 6 その他食材で

- キリでクリチサンドクッキー … 128
- オートミールクッキー … 129
- フルーチェでいちごのチーズケーキ … 130
- フルーチェでいちごタルト … 132
- 食パンで簡単ロールケーキ … 133
- 食パンでバスクチーズケーキ … 134
- 食パンでシナモンロール … 136
- 食パンで本格メロンパン … 138
- ポンデリング … 140
- 切りもちおかき … 142
- もちドーナツ … 144
- まるで赤福 … 145
- 水まんじゅう … 146
- ごはんでおはぎ … 148
- きな粉棒 … 149
- 生きな粉 … 150
- きな粉シフォンケーキ … 151
- きな粉スノーボールクッキー … 152
- ジャムでアイス … 153

アイデアおやつの神ルール

「お菓子作りって難しくて大変！」というイメージをくつがえしたくて、
身近なもの、手に入りやすいもので簡単に作れる方法を編み出しました。

(1) 材料は4つまで

「作りたい」と思った時にすぐ作れるよう、「材料は4つまで」と品数少なく、なじみのある材料にこだわりました。「材料2つで」のレシピもあるので手軽にチャレンジを。

(2) 市販品を使って失敗知らず

市販のビスケットやアイスクリームなどを使えば、味も決まっているため、失敗することがありません。粉から作るような面倒な手間も省けるので、一石二鳥です！

(3) 家にあるもので手軽に

型をわざわざ用意しなくても、牛乳パックやヨーグルトカップを使うレシピも多数。ケーキ型やパウンド型なども、100均ショップで手に入るものばかりです。

(4) 洗いものを減らす

耐熱ボウル1つあれば、「混ぜる」「加熱する」が一連の動作でできちゃいます。ヨーグルトや牛乳のパックを型として活用すれば、使用後そのままポイできちゃうのも◎。

(5) 見た目かわいく仕上げる

スイーツは見た目も大事。「丁寧に作業をして仕上がりよく」「フルーツやホイップクリームで彩りや飾りを添える」の2つのポイントを押さえておけば、映えるおやつの完成です！

お子さんでも簡単！

これを使えば超カンタン!!

市販品を使えば、スイーツ作りのハードルはぐんと下がります。
家のストック菓子や食材を見て、作れそうなものから挑戦してみるのもおすすめ。

クッキーやビスケット

クッキーやビスケットは、タルト生地や土台にするのに便利。ケーキやタルトを作る時に大活躍です。

▶ P.11へ

アイスクリーム

アイスクリームの中には、風味だけでなく、乳脂肪分も糖分も入っているのでとにかく便利。溶かして活用します。

▶ P.37へ

ヨーグルトやプリン

ヨーグルトやプリンはそれだけで食べても十分おいしいので、応用が利きやすい食材です。

▶ P.59へ

飲み物や市販菓子

飲み物や市販菓子は少し手を加えるだけで、楽しみ方いろいろ。余りもので手軽にアレンジを。

▶ P.79へ

絹ごし豆腐

保水性が高く、なめらかな食感が出やすい絹ごし豆腐は、豆の香りも控えめで、おやつ作りにぴったり。

▶ P.113へ

その他食材

食パンや切りもち、きな粉など家にある食材もおやつに変身。小腹が空いた時にささっと作れます。

▶ P.127へ

型や道具も身近なもので

お菓子作りは道具をそろえるのも面倒……と感じている人も多いはず。
でも、家にあるものや手軽に買えるもので十分作れちゃうんです。

100均グッズで

100均ショップの製菓コーナーはかなり充実しています。型はもちろん、紙カップやココット皿なども種類が豊富。トッピング材料やチョコペンなどもあるので、必要なものはほぼそろいます。

容器やパックで

アイスカップやヨーグルトカップ、牛乳パックなどの容器を使えば、型がなくても作れちゃいます。146ページの「水まんじゅう」では、『雪見だいふく』の容器を活用しました！

ボウルのまま加熱

耐熱ボウルで生地を混ぜ、そのまま電子レンジでチンすれば、ふわふわなスポンジ生地や蒸しパンのできあがり。半円形なので見た目もかわいく、飾りつけも楽しめます。

縦長のコップが活躍

意外とあると便利なのが「縦長コップ」。絞り袋にクリームを入れる時には、絞り袋をコップにセットしておくと楽チン。また、ビスケットを砕く時は、コップの底を使うときれいに粉々に。

CHAPTER
1

クッキーやビスケットで

タルト生地にしたり、チョコやアイスをはさんだり、
ヌガーをのせたり、クッキーやビスケットが大活躍！

材料 3 つで

サクサク濃厚生チョコオレオサンド

使う市販品と型はコレ！   と

冷やすだけなので簡単、いつものオレオを贅沢に

材料（8個分／直径4cm×3cmの紙カップ使用）

- クリームサンドココアクッキー
  （オレオ／市販）… 8枚
- チョコレート … 200g
- 生クリーム … 100㎖

作り方

1. 耐熱ボウルに細かく割ったチョコレートと生クリームを入れ、電子レンジで1分加熱し、よく混ぜる。
2. 粗熱がとれたら、冷蔵庫で10〜30分冷やす。
3. クッキーを半分にし、1枚を紙カップに入れる。
4. 3に2の生チョコ生地を流し入れたら、もう1枚のクッキーをのせる。
5. 冷蔵庫で3時間以上冷やし固めたら、紙カップを外して完成。

Point

クッキーを分けたら、外側（絵柄のあるほう）を下にしてカップに入れます。生チョコ生地は、流し込む前に混ぜてなめらかにすると口当たりのいい仕上がりに。かぶせるクッキーは、外側を上にして。

動画はこちら

CHAPTER 1 ／ クッキーやビスケットで

材料 **4** つで

オレオメレンゲクッキー

使う市販品はコレ！

オレオの食感と香ばしさが
ちょうどいいアクセント

材料（35〜40個分）

- クリームサンドココアクッキー
 （オレオ／市販）… 4〜5枚
- 卵白 … 2個分
- グラニュー糖 … 70g
- バニラエッセンス … 3〜4滴

作り方

1. ボウルに卵白を入れ、グラニュー糖を3回に分けて加えながら泡立て、メレンゲを作る。
2. バニラエッセンスを加え、低速で混ぜ合わせるように泡立てたら、絞り袋に入れる。
3. クリームサンドココアクッキーをクッキーとバニラクリームに分け、クッキーは細かく砕く。
4. 天板にクッキングシートを敷き、2の生地をシートに丸く絞る。
5. 生地の上に3のクッキーを振り、100℃に予熱したオーブンで60分焼く。粗熱がとれたら完成。

Point

2でメレンゲを絞り袋に入れる際は、縦長のコップに絞り袋をセットすると入れやすいです（P.10参照）。絞り袋は口金をつけず、直径1.5cm程度の円錐状になるように絞りましょう。

動画はこちら

CHAPTER 1 ／ クッキーやビスケットで

ザクザクオレオチョコレート

材料（16個分）
- クリームサンドココアクッキー（オレオ／市販）… 20枚
- チョコレート … 100g
- ホワイトチョコレート … 100g
- クリームチーズ（キリ／市販）… 5個（82g）

作り方
1. ボウルにクッキーを入れ、細かく砕く。
2. 常温に戻したクリームチーズを加え、よく混ぜてひとかたまりにする。
3. クッキングシートに2をのせ、端から丸めて棒状に形を整えたら、冷蔵庫で30分冷やす。
4. 耐熱ボウルを2つ用意し、それぞれに細かく割ったチョコレートとホワイトチョコレートを入れる。電子レンジでそれぞれ1分ずつ加熱し、よく混ぜる。
5. 3を1cm幅に切り、4にそれぞれくぐらせてコーティングする。
6. 冷蔵庫で1時間以上冷やし固めたら完成。

Point
4でチョコレートを溶かしたら、ダマにならないようによく混ぜてください。5でコーティングする時はフォークを使い、チョコレートを絡めて引き上げると作業しやすいです。

なめらかな濃厚アイス！
ベリーを飾ってもかわいい

CHAPTER 1 ／ クッキーやビスケットで

材料 **4** つで

使う市販品と型はコレ！

チョコレートアイスケーキ

材料 （直径12cmのケーキ型1個分）

- クリームサンドココアクッキー（オレオ／市販）… 5枚
- チョコレート … 150g
- 生クリーム … 200㎖
- グラニュー糖 … 50g

作り方

1. 耐熱ボウルに細かく割ったチョコレート100gを入れ、電子レンジで1分加熱し、よく混ぜる。
2. 別のボウルに生クリーム180㎖とグラニュー糖を入れ、ツノが立つまで泡立てる。
3. 2に1を加え、よく混ぜ合わせる。
4. クッキングシートを敷いたケーキ型の底にクッキーを並べ、3のチョコアイス生地を流し入れて表面を平らにならしたら、冷凍室でひと晩冷やし固める。
5. 耐熱ボウルに細かく割ったチョコレート50gと生クリーム20㎖を入れ、電子レンジで1分加熱し、よく混ぜる。
6. 4をケーキ型から外したら、5を全体にかけてコーティングする（スパチュラなどで全体に塗り広げる）。
7. 冷凍室で1時間冷やし固めたら完成。

Point

クッキーはそのままケーキ型の底に並べるだけで、タルト生地に。4でケーキ型にチョコアイス生地を流し入れたら、表面はできるだけきれいに平らにならすと、仕上がりがよくなります。

動画はこちら

オレオでアイスクリーム

ザクッとしたオレオの食感が
さらにおいしくしてくれる

材料（18cmのパウンド型1個分）

- クリームサンドココアクッキー
  （オレオ／市販）… 5枚
- 生クリーム … 300㎖
- 練乳 … 120g

作り方

1. ボウルにクッキーを入れ、細かく砕く。
2. 別のボウルに生クリームと練乳を入れ、ツノが立つまで泡立てる。
3. 2に1を加えたら混ぜ、クッキングシートを敷いたパウンド型に流し入れる。
4. ラップをかけ、冷凍室で3時間以上冷やし固めたら完成。お好みで砕いたクッキーを飾る。

Point
クッキーを砕く時は、縦長の、底が平らなコップを使って、押しつぶすようにすると簡単。
2で生クリームをしっかり泡立てると、舌触りのいいなめらか食感に仕上がります。

CHAPTER 1 ／ クッキーやビスケットで

材料 **3**つで

電子レンジでオレオケーキ

使う市販品と型はコレ！

と

しっとり、なめらかな、
　　　大人のおやつに

材料（15cm×10cmの耐熱容器1個分）

- クリームサンドココアクッキー
  （オレオ／市販）… 18枚
- 牛乳 … 200㎖
- 粉糖 … 適量

作り方

1. ボウルにクッキーを入れ、砕く。
2. 牛乳を加えてよく混ぜ合わせたら、サラダ油少々（分量外）を塗った耐熱容器に流し入れる。
3. 3回ほど軽く落として空気を抜き、電子レンジで6分加熱する。
4. 粗熱がとれたら粉糖をかけ、食べやすいサイズに切って完成。

動画はこちら

Point
クッキーはあまり細かく砕かなくても、2で牛乳を加えて混ぜると溶けて液状になります。3で空気を抜いたら、できるだけ生地を平らにならしてください。加熱ムラがなくなります。

ふわっふわなムースと
ほろ苦いココアの相性が抜群

CHAPTER 1 ／ クッキーやビスケットで

材料 **4** つで

使う市販品と型はコレ！

チョコレートムースケーキ

材料 （直径12cmのケーキ型1個分）
- クリームサンドココアクッキー（オレオ／市販）… 12枚
- チョコレート … 100g
- ホイップ（しぼるだけホイップ／市販）… 1本（220㎖）
- ココアパウダー … 適量

作り方
1. ボウルにクッキーを入れ、細かく砕く。
2. 耐熱ボウルに細かく割ったチョコレートを入れ、電子レンジで1分加熱し、よく混ぜる。
3. 1にホイップ30㎖を加えて混ぜ、タルト生地を作る。
4. 2に残りのホイップを加えて混ぜ、ムース生地を作る。
5. クッキングシートを敷いたケーキ型に3のタルト生地を入れて底に押し固めたら、4のムース生地を流し入れる。
6. 表面を平らにならしたら、冷蔵庫で3時間以上冷やし固める。
7. ケーキ型から外し、ココアパウダーを振ったら完成。

Point
タルト生地は崩れやすいので、1ではクッキーを細かくよく砕いて。4のムース生地はつやが出るまでよく混ぜ、固まりやすいのでできるだけ早く型に流し込んでください。型から外す時は、しっかり冷えて固まったのを確認してから。

動画はこちら

アイスサンドクッキー

使う市販品と型はコレ！

混ぜて、冷やして、はさむだけ！

材料（3個分／15cm×10cmの保存容器使用）

- ビスケット（チョイス／市販）… 6枚
- チョコレート … 50g
- ホイップ（しぼるだけホイップ／市販）… 1本（220㎖）

作り方

1. 耐熱ボウルに細かく割ったチョコレートを入れ、電子レンジで1分加熱し、よく混ぜる。
2. ホイップを加えてよく混ぜたら、容器に入れて表面を平らにならす。
3. 冷凍室で3時間以上冷やし固める。
4. 3のアイス生地が固まったら、ビスケットのサイズに合わせて切り分ける。
5. ビスケットで4をはさんだら完成。

Point

アイス生地は溶けやすいので、しっかり冷やして固めましょう。4で切り分ける時は冷やしたナイフを使い、できるだけ早めに作業してください。

CHAPTER 1 ／ クッキーやビスケットで

材料 **4** つで

クリームチーズサンドクッキー

使う市販品と型はコレ！

小腹が空いた時の
おやつに最高！

材料 （4個分／15cm×15cmのスクエア型使用）

- ビスケット（チョイス／市販）… 8枚
- クリームチーズ … 200g
- 卵 … 2個
- グラニュー糖 … 50g

作り方

1 ボウルに常温に戻したクリームチーズを入れ、よく練ってやわらかくする。
2 グラニュー糖を加えてよく混ぜ、卵を割り入れてさらによく混ぜる。
3 クッキングシートを敷いたスクエア型に 2 のチーズ生地を流し入れ、3回ほど軽く落として空気を抜く。
4 電子レンジで5～6分加熱し、粗熱がとれたら冷蔵庫で3時間以上冷やす。
5 スクエア型から出し、ビスケットのサイズに合わせて切り分ける。
6 ビスケットで 5 をはさんだら完成。

動画はこちら

Point
クリームチーズは常温に戻しておくと、扱いやすいです。4 で、電子レンジで加熱後にチーズ生地が固まっていないようなら、さらに30秒ずつ加熱して様子を見てください。

見た目もおしゃれな
おやつに大変身!!

CHAPTER 1 ／ クッキーやビスケットで

材料 4 つで

使う市販品と型はコレ！

生チョコサンドクッキー

材料 （8個分／18cmのパウンド型使用）

- ビスケット（チョイス／市販）… 16枚
- チョコレート … 200g
- 生クリーム … 100㎖
- バター（無塩）… 60g

作り方

1　ボウルにビスケットを入れ、細かく砕く。
2　耐熱ボウルにバターを入れ、電子レンジで30秒加熱して溶かす。
3　1に2を加え、混ぜ残しがないようにしっかり混ぜ合わせる。
4　3を半量に分け、クッキングシートを敷いたパウンド型に半量を敷き詰めて押し固める。
5　しっかり固めたら、クッキングシートごと取り出して冷蔵庫で冷やす。
6　残りの生地を4と同様にして押し固めたら、パウンド型ごと冷蔵庫で冷やす。
7　耐熱ボウルに細かく割ったチョコレートと生クリームを入れ、電子レンジで2分加熱し、よく混ぜる。
8　6に7を流し入れて表面を平らにならしたら、冷蔵庫で3時間冷やし固める。
9　8をパウンド型から外し、8等分に切る。
10　5の生地を9と同じサイズになるように8等分に切り、9の上にのせてはさんだら完成。

Point

ビスケットは粉末になるくらい、細かく砕いてください。9ではナイフを温めるとカットしやすいです。10でカットする際は、9のサイズと同じ大きさに切りましょう。

動画はこちら

しっとりなめらか、
簡単なのに本格的！

CHAPTER 1 ／ クッキーやビスケットで

使う市販品と型はコレ！

バター不要のチーズケーキタルト

材料（直径18cmのタルト型1個分）

- ビスケット（チョイス／市販）… 16枚
- クリームチーズ … 200g
- 卵 … 3個
- グラニュー糖 … 50g

作り方

1 ボウルにビスケットを入れ、細かく砕く。
2 別のボウルに卵1個を割り入れ、溶きほぐす。
3 1に2を加えてよく混ぜ、ひとかたまりにする。
4 タルト型にサラダ油少々（分量外）を塗り、3のタルト生地を均等に広げてしっかり押し固める。
5 トースターで4を10分焼き、粗熱をとる。
6 ボウルに常温に戻したクリームチーズを入れ、よく練ってやわらかくする。
7 グラニュー糖を加えてよく混ぜたら、卵2個を割り入れてさらによく混ぜる。
8 5に7のチーズ生地を流し入れ、表面を平らにならす。
9 トースターで8を10〜20分焼いたら、粗熱をとる。
10 冷蔵庫で3時間冷やしたら完成。

Point

タルト生地は型の端までしっかりと広げ、崩れないようにしっかりと押し固めましょう。9の焼き時間は、焦げないように様子を見ながら調整してください。

動画はこちら

材料

冷やすだけのいちごタルト

使う市販品と型はコレ！
と

いちごは、旬のフルーツに変えても♪

材料（直径12cmのケーキ型1個分）
- ビスケット（チョイス／市販）… 12枚
- いちご … 1パック
- ホイップ（しぼるだけホイップ／市販）… 1本（220㎖）

作り方
1. ボウルにビスケットを入れ、細かく砕く。
2. ホイップ30㎖を加えて混ぜ、タルト生地を作る。
3. クッキングシートを敷いたケーキ型に 2 のタルト生地を入れて底に押し固め、冷蔵庫で冷やす。
4. タルト生地がしっかり固まったらケーキ型から外し、残りのホイップとスライスしたいちごで飾りつけて完成。

Point
タルト生地をケーキ型の底に敷き詰める時は、5mmほどの厚みで1cmほどの高さが出るように押し固めましょう。タルト型を使ってももちろんOK！

動画はこちら

CHAPTER 1 ／ クッキーやビスケットで

材料 **4**つで

簡単！レアチーズタルト

使う市販品と型はコレ！
 と

混ぜて冷やすだけなので
子どもでも楽チン！

材料（直径18cmのタルト型1個分）
- ビスケット（チョイス／市販）… 16枚
- クリームチーズ … 200g
- 生クリーム … 200㎖
- グラニュー糖 … 50g

作り方
1. ボウルにビスケットを入れて細かく砕き、生クリーム50㎖を入れてよく混ぜ合わせる。
2. タルト型にサラダ油少々（分量外）を塗り、1を均等に広げてしっかり押し固めたら、冷蔵庫で冷やす。
3. ボウルに常温に戻したクリームチーズを入れ、よく練ってやわらかくする。
4. 別のボウルに生クリーム150㎖とグラニュー糖を入れ、ツノが立つまで泡立てる。
5. 3に4を加え、さっくり混ぜ合わせる。
6. 2に5を流し入れて表面を平らにならし、冷蔵庫で3時間以上冷やしたら完成。

動画はこちら

Point
ゼラチンを使わなくても、クリームチーズの粘度である程度固まります。タルト生地はしっかり型の端まで広げてください。底が抜けるタイプのタルト型が便利です。

CHAPTER 1 ／ クッキーやビスケットで

タルトタタン

材料 （直径10cmのココット皿1個分）
- ビスケット（チョイス／市販）… 2枚
- りんご … 1個
- グラニュー糖 … 45g

作り方
1 りんごは皮をむいて8等分のくし形切りにし、さらに4〜5等分に切る。
2 耐熱ボウルに 1 とグラニュー糖30gを入れて混ぜ、ふんわりとラップをして電子レンジで5分加熱し、さらに混ぜる。
3 ココット皿にグラニュー糖15gと水小さじ1（分量外）を入れて混ぜたら、電子レンジで2分加熱してカラメルを作る。
4 3 のカラメルの上に汁気を切った 2 のりんごを並べ入れる。
5 ビスケットを細かく砕き、4 の上にのせる。
6 冷蔵庫で 5 を3時間以上冷やす。
7 6 を逆さにして皿に盛ったら完成。

Point
2で電子レンジで加熱した後、シロップが出るのでりんごと絡めるようにして混ぜて。ココット皿には形よく並べ入れましょう。5では、ビスケットを小袋（2枚入り）に入れたまま、指でつぶすようにして砕くと簡単。

動画はこちら

チーズベリーヌ

使う市販品はコレ！

おしゃれな
グラスデザートの完成〜

材料（200mlの容器1個分）

- ビスケット（チョイス／市販）… 8枚
- 牛乳 … 400ml
- 酢 … 大さじ1
- グラニュー糖 … 30g

作り方

1 ボウルにビスケットを入れ、細かく砕く。
2 耐熱ボウルに牛乳を入れ、電子レンジで5分加熱する。
3 2に酢を加えて軽く混ぜ、30秒置いたらゆっくり混ぜる。
4 ザルにキッチンペーパーを敷いて3を濾し、お好みのかたさになるまで置く。
5 4をボウルに移し、グラニュー糖を加えて混ぜる。
6 器に1と5を交互に盛り、仕上げにお好みで粗く砕いたビスケットをのせたら完成。

Point

酢を入れたら、しばらく固まるまで待ってください。6で器に盛る時は、できるだけ水分を切って。ビスケットにコーヒーを混ぜ、仕上げにココアパウダーを振ればティラミスになります。

CHAPTER 1 ／ クッキーやビスケットで

材料 **4** つで

ビスケットでチーズクリームサンド

使う市販品と型はコレ！
 と

クリームが染みて
しっとりした味わいに

材料 （5個分／直径5.5cm×5cmの紙カップ使用）

- ビスケット（マリー／市販）… 10枚
- クリームチーズ … 200g
- 生クリーム … 200㎖
- グラニュー糖 … 50g

作り方

1. ボウルに常温に戻したクリームチーズを入れ、よく練ってやわらかくする。
2. グラニュー糖を加え、よく混ぜ合わせる。
3. 別のボウルに生クリームを入れて六分立てに泡立て、2に加えてさっくり混ぜ合わせる。
4. 紙カップにビスケットを1枚ずつ入れ、その上に3のクリームチーズ生地を入れる。
5. その上に1枚ずつビスケットをのせ、軽く押さえて密着させる。
6. 冷蔵庫で3時間以上冷やし固めたら、紙カップから外して完成。

動画はこちら

Point

ビスケットは、柄面が外向きになるように紙カップに入れましょう。6で紙カップから外したら、チーズクリームの表面をスパチュラやヘラなどでならすと、きれいな仕上がりに。

いちごのグラスケーキ

 と
使う市販品と容器はコレ！

ビジュアルがかわいすぎる♡

材料（一辺5cmの立方体容器2個分）

- ビスケット（マリー／市販）… 18枚
- いちご … 5〜6粒
- 生クリーム … 200㎖
- グラニュー糖 … 30g

作り方

1. ボウルにビスケットを入れ、細かく砕く。
2. 別のボウルに生クリームとグラニュー糖を入れ、八分立てに泡立てる。
3. いちごは薄くスライスする。
4. 容器の底に1を入れ、いちごを断面が見えるように入れる。
5. 2と1を交互に重ね入れたら、表面のクリームを平らにならす。
6. いちごをトッピングしたら完成。

Point
生クリームはややゆるめに泡立てると、ビスケットとなじんでしっとり食感に。いちごの水分はきちんと拭き取ってから使ってください。見た目がかわいくなるように盛りつけを頑張って。

動画はこちら

CHAPTER 1 ／ クッキーやビスケットで

材料 3 つで

ビスケットでフロランタン

使う市販品はコレ！

ビスケットを使えばすぐ完成！

材料（6個分）

- ビスケット（マリー／市販）… 6枚
- ミルクキャラメル（市販）… 30g
- スライスアーモンド … 30g

作り方

1. 耐熱ボウルにミルクキャラメルと水10㎖（分量外）を入れ、電子レンジで2分加熱し、よく混ぜる。
2. スライスアーモンドを加え、さらによく混ぜる。
3. アルミホイルを敷いた天板にビスケットを並べ、2をのせる。
4. トースターで3を5分焼き、粗熱がとれたら完成。

Point

ミルクキャラメルは焦がさないように注意しながら、よく溶かしましょう。2がまだ温かいうちにビスケットにのせ、トースターで焼く際は焦がさないように様子を見ながら焼いてください。

動画はこちら

35

ココナッツサブレでフロランタン

ココナッツサブレと
キャラメルの組み合わせが最高！

材料（10個分）
- ココナッツサブレ（市販）… 10枚
- シリアル … 50g
- ミルクキャラメル（市販）… 60g

作り方
1. 耐熱ボウルにミルクキャラメルと水20㎖（分量外）を入れ、電子レンジで2分加熱し、よく混ぜる。
2. なめらかになるまでよく混ぜたら、シリアルを加えてよく混ぜ、ヌガーを作る。
3. アルミホイルを敷いた天板にサブレを並べ、2を塗り広げる。
4. トースターで3を3分焼く。
5. サブレのサイズに切り分け、粗熱がとれたら完成。

Point
3ではサブレをくっつくように並べ、2のヌガーを全体的に広げます。焼いた後、冷めたら切りにくくなるので、焼き上がったらすぐに切り分けてください。

動画はこちら

CHAPTER
2

アイスクリームで

アイスクリームの中でも「スーパーカップ」が優秀。
バニラ、チョコクッキー、抹茶と種類もあって◎。

バター不使用でも
しっとりを実現

CHAPTER 2 ／ アイスクリームで

使う市販品と型はコレ！

材料 **3** つで

スーパーカップでカヌレ

材料 (8個分／シリコンカヌレ型使用)

- バニラアイスクリーム（スーパーカップ／市販）… 200㎖
- 薄力粉 … 50g
- グラニュー糖 … 30g

作り方

1. 耐熱ボウルにアイスクリームを入れ、電子レンジで2分加熱し、よく混ぜる。
2. ボウルに薄力粉とグラニュー糖を入れて混ぜ、1に加えてよく混ぜる。
3. カヌレ型に 2 を流し入れる。
4. 210℃に予熱したオーブンで20分焼き、180℃に下げてさらに25分焼く。
5. 焼き上がったら粗熱をとり、カヌレ型から外して完成。

Point

100均ショップで売られているカヌレ型を使用しました。生地を型に流し込む際は、型の八分目を目安に。カヌレ型にサラダ油少々を塗ると、型から取り出しやすくなります。

動画はこちら

39

ふわふわドーナツ

使う市販品はコレ！

外はサクッ、中はふわっ

材料（8〜10個分）
- バニラアイスクリーム
  （スーパーカップ／市販）… 100㎖
- ホットケーキミックス … 200g

作り方
1. 耐熱ボウルにアイスクリームを入れ、電子レンジで1分加熱し、よく混ぜる。
2. ホットケーキミックスを加えて混ぜ、ひとかたまりにする。
3. 2を8〜10等分にし、丸く形を整える。
4. 160℃の揚げ油適量（分量外）で3をきつね色になるまで揚げたら完成。

Point
ドーナツの中まで火が通るように、形を整える際は3〜4cm大に丸めて。4で揚げる時は油の温度を上げすぎないように気をつけてください。

動画はこちら

CHAPTER 2 ／ アイスクリームで

材料 3 つで

スイートポテトケーキ

使う市販品と型はコレ！
 と

濃厚な味わいがクセになる

材料（直径12cmのケーキ型1個分）
- バニラアイスクリーム
  （スーパーカップ／市販）… 200㎖
- さつまいも … 1本（250g）
- 卵 … 1個

作り方
1. さつまいもの皮をむいて1cm幅に切ったら、ふんわりとラップをして電子レンジで5分加熱し、裏ごしする。
2. 耐熱ボウルにアイスクリームを入れ、電子レンジで2分加熱し、よく混ぜる。
3. 2に1を加えて混ぜ、卵を割り入れてさらに混ぜる。
4. 3を裏ごしし、クッキングシートを敷いたケーキ型に流し入れ、表面を平らにならす。
5. 180℃に予熱したオーブンで4を30分焼く。
6. 粗熱がとれたら、冷蔵庫で3時間冷やして完成。

Point
さつまいもを1で加熱する際、濾しやすいやわらかさになるよう、電子レンジでの加熱時間を調整してください。3の生地に甘味が足りないようであれば、グラニュー糖を加えて調整を。

動画はこちら

卵も生クリームも不要

CHAPTER 2 / アイスクリームで

使う市販品はコレ！

カップのままティラミス

材料（アイスカップ1個分）
- バニラアイスクリーム（スーパーカップ／市販）… 50㎖
- クリームチーズ … 150g
- ココアパウダー … 適量

作り方
1. 耐熱ボウルにアイスクリームを入れ、電子レンジで30秒加熱し、よく混ぜる。
2. 別のボウルに常温に戻したクリームチーズを入れ、よく練ってやわらかくする。
3. 2に1を加えてよく混ぜたら、アイスカップに戻し入れ、ふたをして冷蔵庫でひと晩冷やす。
4. 仕上げにココアパウダーを振ったら完成。

Point
アイスカップに戻し入れる際、チーズクリーム生地を半量入れたら冷やし、ココアパウダーを振ってから残りのチーズクリーム生地を入れても。最後にココアパウダーを振れば、より本格的な仕上がりになります。

動画はこちら

市販の甘栗で
本格的な出来栄え!

CHAPTER 2 ／ アイスクリームで

モンブラン

| 材料 | （15cm×15cmのスクエア型1個分） |

- バニラアイスクリーム（スーパーカップ／市販）… 200㎖
- 甘栗 … 100g
- ホットケーキミックス … 150g
- ホイップ（しぼるだけホイップ／市販）… 1本（220㎖）

作り方

1. 耐熱ボウルにアイスクリームを入れ、電子レンジで2分加熱し、よく混ぜる。
2. ホットケーキミックスを加えて混ぜ、クッキングシートを敷いたスクエア型に流し入れ、表面を平らにならす。
3. ふんわりとラップをして電子レンジで5分加熱し、スクエア型から出して粗熱をとり、横半分に切る。
4. 耐熱ボウルに甘栗を入れ、電子レンジで2分加熱する。
5. 4を裏ごしし、ホイップを加えて混ぜ合わせる。
6. 5のマロンクリームを半量取り、絞り袋に入れる。
7. スクエア型に3のスポンジ1枚を入れ、残りのマロンクリームを入れたら、もう1枚のスポンジを重ね入れる。
8. 絞り袋に入れた6のマロンクリームをバランスよく絞ったら完成。お好みで甘栗をトッピングする。

Point

2の生地はダマがなくなるまでよく混ぜて。5で甘栗を裏ごしするのはやや大変ですが頑張りましょう。絞り袋に入れたマロンクリームはできるだけ細く絞って、見た目よく仕上げてください。

りんごのさわやかな香りで癒される

CHAPTER 2 ／ アイスクリームで

使う市販品はコレ！

材料 4つで

フライパンでりんごケーキ

> **材料** （1個分／直径20cmのフッ素樹脂加工フライパン使用）

- バニラアイスクリーム（スーパーカップ／市販）… 200㎖
- りんご … 大1個
- ホットケーキミックス … 150g
- グラニュー糖 … 30g

> **作り方**

1. りんごは半分をくし形切りにし、縦に5mm幅のスライスにする。残り半分は細かく切る。
2. 耐熱ボウルにスライスしたりんごとグラニュー糖を入れて混ぜ、ふんわりとラップをして電子レンジで3分加熱し、さらによく混ぜる。
3. 別の耐熱ボウルにアイスクリームを入れ、電子レンジで2分加熱し、よく混ぜる。
4. 3にホットケーキミックスを加えて混ぜ、細かく切ったりんごを加えてさらに混ぜる。
5. フライパンに2のスライスしたりんごをきれいに並べる。
6. 5のりんごの上に4の生地を流し入れる。
7. ふたをし、極弱火で20〜30分焼く。
8. 焼き上がったら皿をかぶせて裏返し、盛りつけたら完成。

Point

薄くスライスするりんごは、できるだけ均等な厚さに切ってください。5では、フライパンに均等にきれいに並べましょう。7で焼く時はできるだけ焦げないように火加減に気をつけて。焼き上がりは竹串を刺して確認を。

動画はこちら

一見手が込んで見えるのに、
オーブンいらずのお手軽レシピ

CHAPTER 2 ／ アイスクリームで

使う市販品と型はコレ！

材料 3 つで

スイートポテトタルト

材料 （直径12cmのケーキ型1個分）

- バニラアイスクリーム（スーパーカップ／市販）… 200㎖
- ビスケット（チョイス／市販）… 12枚
- さつまいも … 小1本（200g）

作り方

1. 耐熱ボウルにアイスクリームを入れ、電子レンジで2分加熱し、よく混ぜる。
2. 別のボウルにビスケットを入れて細かく砕き、1を30㎖加えてよく混ぜる。
3. クッキングシートを敷いたケーキ型に2のタルト生地を入れて底に押し固め、冷蔵庫で冷やす。
4. さつまいもの皮をむいて1cm幅に切り、水に5〜10分浸けてアクを抜く。
5. 耐熱ボウルに4を入れてふんわりとラップをし、電子レンジで5分加熱する。
6. 5のさつまいもをフォークでつぶし、さらに裏ごしする。
7. 6に1の残りのアイスクリームを加えて混ぜ、3に入れて形を整える。
8. 冷蔵庫で3時間冷やし固めたら完成。

Point

さつまいもはできるだけ繊維を取り除き、なめらかになるようにつぶしてから裏ごしすると、口当たりのやさしい仕上がりになります。タルト生地は崩れないよう、しっかり冷やして固めて。

動画はこちら

材料 **2** つで

スーパーカップでパン

使う市販品と型はコレ！

ふわっふわ、
バニラの香りがたまらない

材料（18cmのパウンド型1個分）
- バニラアイスクリーム
 （スーパーカップ／市販）… 400mℓ
- 薄力粉 … 150g

作り方
1. 耐熱ボウルにアイスクリームを入れ、電子レンジで3分加熱し、よく混ぜる。
2. 薄力粉をふるい入れ、よく混ぜる。
3. クッキングシートを敷いたパウンド型に 2 を流し入れ、180℃に予熱したオーブンで45〜50分焼く。
4. 粗熱がとれたら、パウンド型から外して完成。

Point
アイスクリームは液状になるまでしっかり溶かし、薄力粉をふるい入れたら、ダマがなくなるまでよく混ぜてください。パウンド型から外すのは、しっかり粗熱がとれてから。

動画はこちら

CHAPTER 2 ／ アイスクリームで

材料 **4**つで

チョコもち

とろっと、もちっと

材料（8〜10個分／15cm×10cmの保存容器使用）

- チョコアイスクリーム
  （スーパーカップ／市販）… 200㎖
- 片栗粉 … 50g
- 牛乳 … 100㎖
- ココアパウダー … 適量

作り方

1 耐熱ボウルにアイスクリームを入れ、電子レンジで2分加熱し、よく混ぜる。
2 牛乳を加えて混ぜ合わせたら、片栗粉を加えてさらに混ぜる。
3 電子レンジで2を1分加熱して混ぜたら、再度1分加熱して混ぜる。
4 容器に3を入れ、冷蔵庫で3時間以上冷やす。
5 8〜10等分に切り分け、ココアパウダーをまぶしたら完成。

Point
生地はダマがなくなるまで混ぜ、3で電子レンジで加熱しながら、もちのかたさを調整してください。5で切り分ける時は、濡らしたナイフを使うと切りやすいです。

動画はこちら

材料 **3** つで

チョコレートドーナツ

使う市販品と型はコレ！

チョコレートペンや
トッピングシュガーで
かわいく仕上げても♪

材料（6個分／シリコンドーナツ型使用）

- チョコアイスクリーム
  （スーパーカップ／市販）… 200㎖
- チョコレート … 100g
- ホットケーキミックス … 150g

作り方

1. 耐熱ボウルにアイスクリームを入れ、電子レンジで2分加熱し、よく混ぜる。
2. ホットケーキミックスを加えて混ぜ、ドーナツ型に流し入れたら、電子レンジで4〜5分加熱する。
3. 耐熱ボウルに細かく割ったチョコレートを入れ、電子レンジで1分加熱し、よく混ぜる。
4. 粗熱がとれた 2 のドーナツの表面に 3 をつける。
5. 冷蔵庫で1時間冷やし固めたら完成。お好みで溶かしたホワイトチョコレートをかけてもかわいい。

Point

ドーナツ型に生地を流し入れる際は、型の半分を目安に。4でチョコレートをつける時は、ドーナツの粗熱をしっかりとって。

動画はこちら

CHAPTER 2 ／ アイスクリームで

材料 2 つで

ふわふわチョコカップケーキ

使う市販品と型はコレ！

お好みで
ホイップを添えて

材料（直径10cmのココット皿2個分）

- チョコアイスクリーム
  （スーパーカップ／市販）… 400㎖
- ホットケーキミックス … 200g

作り方

1. 耐熱ボウルにアイスクリームを入れ、電子レンジで3分加熱し、よく混ぜる。
2. ホットケーキミックスを加えてよく混ぜ、ココット皿に流し入れる。
3. ふんわりとラップをし、電子レンジで2～3分加熱したら、粗熱をとって完成。

Point
生地はダマにならないようによく混ぜてください。バニラアイスクリームや抹茶アイスクリームなどでもおいしくできるので、ぜひアレンジを！ お好みでホイップを添えて。

動画はこちら

フルーツは、
バナナや缶詰のみかんでもおいしい

CHAPTER 2 / アイスクリームで

使う市販品と型はコレ！

チョコスコップケーキ

材料 （15cm×15cmのスクエア型1個分）
- チョコアイスクリーム（スーパーカップ／市販）… 200㎖
- いちご … 1パック
- ホットケーキミックス … 150g
- チョコホイップ（しぼるだけホイップ／市販）… 1本（220㎖）

作り方
1. 耐熱ボウルにアイスクリームを入れ、電子レンジで2分加熱し、よく混ぜる。
2. ホットケーキミックスを加えて混ぜたら、クッキングシートを敷いたスクエア型に流し入れ、表面を平らにならす。
3. ふんわりとラップをして電子レンジで5分加熱し、スクエア型から出して粗熱をとり、横半分に切る。
4. スクエア型に3のスポンジ1枚を入れ、チョコホイップを半量入れて平らにならしたら、スライスしたいちごを並べ入れる。
5. もう1枚のスポンジを重ね入れ、残りのチョコホイップを入れて平らにならす。お好みのサイズに切ったいちごをトッピングしたら完成。

Point
スポンジ生地はダマがなくなるまでよく混ぜて。3で電子レンジで加熱した後、竹串を刺して焼き上がりをチェックしてください。きちんと粗熱をとってから、横半分に切って。

動画はこちら

生チョコケーキ

使う市販品と型はコレ！

しっとりとしたチョコと、ふわっとしたスポンジが好相性

材料 （直径12cmのシリコン丸型1個分）

- チョコアイスクリーム（スーパーカップ／市販）… 200㎖
- チョコレート 100g
- ホットケーキミックス … 100g

作り方

1. 耐熱ボウルにアイスクリーム150㎖を入れ、電子レンジで2分加熱し、よく混ぜる。
2. ホットケーキミックスを加えて混ぜたら、丸型に流し入れる。ふんわりとラップをし、電子レンジで3分加熱する。
3. 耐熱ボウルに細かく割ったチョコレートとアイスクリーム50㎖を入れ、電子レンジで2分加熱し、混ぜる。
4. 粗熱がとれた2に3をかけてコーティングし、冷蔵庫で2時間冷やし固めたら完成。

Point
スポンジ生地は、竹串を刺して生地がついてこなかったらOK！ 4でチョコレートをコーティングする前に、スポンジ生地の粗熱をしっかりとりましょう。

動画はこちら

CHAPTER 2 ／ アイスクリームで

材料 3つで

抹茶チーズケーキ

使う市販品と型はコレ！

 と

しっとりぷるぷる〜

材料（直径12cmのケーキ型1個分）

- 抹茶アイスクリーム
  （スーパーカップ／市販）… 200㎖
- クリームチーズ … 200g
- 卵 … 2個

作り方

1. 耐熱ボウルにアイスクリームを入れ、電子レンジで2分加熱し、よく混ぜる。
2. 別のボウルに常温に戻したクリームチーズを入れ、よく練ってやわらかくする。
3. 2に卵を1個ずつ割り入れて混ぜ、1も加えてさらに混ぜる。
4. クッキングシートを敷いたケーキ型に3を流し入れたら、トースターで5分焼く。
5. アルミホイルをかぶせてさらに20〜30分焼く。
6. 焼き上がったら粗熱をとり、冷蔵庫で6時間冷やしたら完成。

Point

型に敷くクッキングシートはくしゃっとさせて。焼く時は、クッキングシートが焦げないように注意してください。焼き上がりは、中心がプルプルの状態が目安。

動画はこちら

材料 **4**つで

抹茶チョコケーキ

使う市販品と型はコレ！

ほんのり香る
やさしい抹茶の風味

材料（直径12cmのケーキ型1個分）

- 抹茶アイスクリーム
  （スーパーカップ／市販）… 200㎖
- ホワイトチョコレート … 100g
- ホットケーキミックス … 150g
- 粉糖 … 適量

作り方

1. 耐熱ボウルにアイスクリームと細かく割ったホワイトチョコレートを入れ、電子レンジで2分加熱し、よく混ぜる。
2. ホットケーキミックスを加え、さらによく混ぜる。
3. クッキングシートを敷いたケーキ型に2を流し入れ、170℃に予熱したオーブンで40分焼く。
4. 粗熱をとり、冷蔵庫で3時間冷やす。
5. ケーキ型から外し、粉糖を振ったら完成。

Point
アイスクリームとホワイトチョコレートはしっかり溶かして、よく混ぜてください。ただし、電子レンジで加熱しすぎると焦げてしまうので要注意。

CHAPTER
3

ヨーグルトやプリンで

ヨーグルトやプリンはスイーツ作りに欠かせない。
味が簡単に決まるし、失敗知らず!

混ぜて冷やすだけの
楽チンスイーツ

CHAPTER 3 ／ ヨーグルトやプリンで

使う市販品はコレ！

パックそのままレアチーズケーキ

材料（ヨーグルトパック1個分）
- ヨーグルト（ブルガリアヨーグルト／市販）… 200g
- クリームチーズ … 200g
- ゼラチン … 5g

作り方
1. ヨーグルトをよく混ぜ合わせて均一にする。
2. ボウルに常温に戻したクリームチーズを入れ、よく練ってやわらかくする。
3. 2に1のヨーグルトを加えてよく混ぜる。
4. 耐熱ボウルにゼラチンと水30ml（分量外）を入れ、軽く混ぜてふやかしたら、電子レンジで20秒加熱して混ぜる。
5. 4に3の生地を少量加えてよくなじませたら、3に加えてよく混ぜる。
6. ヨーグルトパックに5を流し入れ、よく混ぜる。
7. 冷蔵庫でひと晩冷やし固めたら完成。

Point
ヨーグルトは分離しやすいので、最初によく混ぜ合わせてください。2でクリームチーズをやわらかくする際、かたくて扱いにくいようなら電子レンジで30秒ほど加熱を。

動画はこちら

材料 **3**つで

炊飯器でヨーグルトケーキ

使う市販品はコレ！

「炊飯」スイッチオンで
あっという間に完成！

材料（3～5合炊きの炊飯釜1個分）

- ヨーグルト
  （ブルガリアヨーグルト／市販）
  … 400g
- ホットケーキミックス … 150g
- 卵 … 2個

作り方

1. ボウルにヨーグルトと卵を入れて混ぜ、ホットケーキミックスを加えてさらに混ぜる。
2. 炊飯釜に 1 を流し入れ、炊飯器に入れる。「炊飯」モードで加熱したら、粗熱をとって完成。

Point

炊飯器は3～5合炊きの、コンパクトなサイズのものを使用すると厚みがあるケーキに仕上がります。炊飯釜に薄くサラダ油を塗っておくと出しやすくなります。

動画はこちら

CHAPTER 3 ／ ヨーグルトやプリンで

材料 2つで

ヨーグルトでレアチョコケーキ

使う市販品はコレ！

しっとりなめらかな口どけ

材料（ヨーグルトパック1個分）

- ヨーグルト
  （ブルガリアヨーグルト／市販）
  … 200g
- チョコレート … 200g

作り方

1. 耐熱ボウルに細かく割ったチョコレートを入れ、電子レンジで2分加熱し、よく混ぜる。
2. ヨーグルトを加え、さらによく混ぜる。
3. ヨーグルトパックに 2 を流し入れ、3回ほど軽く落として空気を抜く。
4. 冷蔵庫で6時間以上冷やし固めたら完成。

Point

ダマがなくなるまでよくかき混ぜてください。しっかり時間をかけて冷やし、きちんと固めることがポイント。出しにくい時は、スパチュラなどでパックとケーキの間をなぞってから裏返して。

動画はこちら

63

ヨーグルト蒸しパン

使う市販品と型はコレ！

ふわっと香るヨーグルトの風味が
クセになるおいしさ

材料（10cm×10cmの耐熱容器1個分）

- ヨーグルト
  （ブルガリアヨーグルト／市販）
  … 200g
- ホットケーキミックス … 200g
- サラダ油 … 10g

作り方

1. ボウルにヨーグルトとホットケーキミックスを入れて混ぜ、サラダ油を加えてさらに混ぜる。
2. 耐熱容器に 1 を流し入れ、ふんわりとラップをして電子レンジで5分加熱する。
3. しっかり粗熱をとり、耐熱容器から出したら完成。

Point

ヨーグルトとホットケーキミックスをダマが少し残る程度に混ぜ、さらにサラダ油を加えた後も、さっくりと混ぜてください。容器から出す際はしっかり粗熱をとってから。

CHAPTER 3 ／ ヨーグルトやプリンで

材料 **3** つで

ヨーグルトチョコアイス

使う市販品はコレ！

子どもでも簡単に
濃厚アイスのできあがり

材料（ヨーグルトパック1個分）

- ヨーグルト
 （ブルガリアヨーグルト／市販）
 … 100g
- ホワイトチョコレート … 100g
- ホイップ（しぼるだけホイップ／市販）
 … 1本（220㎖）

作り方

1 耐熱ボウルに細かく割ったホワイトチョコレートを入れ、電子レンジで1分加熱し、よく混ぜる。
2 ヨーグルトを加えて混ぜ、ホイップを加えてさらによく混ぜる。
3 ヨーグルトパックに2を流し入れ、冷凍室で3時間以上冷やし固めたら完成。

Point
生地をできるだけよく混ぜてなめらかにすると、口当たりのいい仕上がりに。パックから取り出しにくい場合は、スパチュラなどで端からはがしたり、パックをむいたりしても。

水切りヨーグルトを使えば
しっとり濃厚な仕上がりに

CHAPTER 3 ／ ヨーグルトやプリンで

使う市販品はコレ！

材料 **3** つで

いちごとブルーベリーの
ヨーグルトアイス

材料 （ヨーグルトカップ2個分）
- 水切りストロベリーヨーグルト（オイコス／市販）… 1個（113g）
- 水切りブルーベリーヨーグルト（オイコス／市販）… 1個（113g）
- グラニュー糖 … 20g

作り方
1 ボウルを2つ用意し、それぞれにヨーグルトとグラニュー糖10gずつを入れて混ぜる。
2 それぞれヨーグルトカップに戻し入れ、冷凍室でひと晩冷やし固める。
3 しっかり固まったら、軽くほぐして器に盛る。

Point
スプーンなどを一度お湯で温めてからアイスをすくうと、きれいに器に盛れます。もちろん、ヨーグルトはプレーンのものでも◎。お好みで楽しんで。

動画はこちら

67

材料 **4** つで

生チョコタルト

使う市販品と型はコレ！

タルト生地は
ビスケット1枚なので楽チン♪

材料（直径6cm×5cmのセルクル3個分）

- 水切りヨーグルト（オイコス／市販）
  … 2個（226g）
- ビスケット（マリー／市販）… 3枚
- チョコレート … 200g
- ベリー系フルーツ … 適量

作り方

1 耐熱ボウルに細かく割ったチョコレートを入れ、電子レンジで1〜2分加熱し、よく混ぜる。
2 ヨーグルトを加え、さらによく混ぜる。
3 セルクルにビスケットを1枚ずつ入れ、その上に2の生地を流し入れる。
4 表面を平らにならし、冷蔵庫で2〜3時間冷やす。
5 ゆっくりセルクルから外し、ベリー系フルーツを飾ったら完成。

Point
マリーのビスケットを使えば、セルクルのサイズにぴったり。1では、チョコレートを焦がさないよう、加熱時間を調整してください。

動画はこちら

CHAPTER 3 ／ ヨーグルトやプリンで

材料 **4** つで

ココア大福

使う市販品と型はコレ！

ライスペーパーで包むだけで、ふわふわ大福の完成

材料（2個分／直径10cmのココット皿使用）

- 水切りヨーグルト（オイコス／市販）
  … 1個（113g）
- ライスペーパー … 2枚
- ホイップ（しぼるだけホイップ／市販）
  … 1本（220㎖）
- ココアパウダー … 適量

作り方

1　ボウルにヨーグルトとココアパウダー20gを入れ、よく混ぜる。
2　ホイップを加え、さらによく混ぜる。
3　大きめの皿に水を張り、ライスペーパーをさっと濡らしたらココット皿に敷く。
4　3に2を入れ、くるむように包む。
5　仕上げにココアパウダー適量を振ったら完成。

Point
ライスペーパーを濡らしたら、べたつく前に手早くココット皿に広げ、破れないようにクリームを包んでください。

動画はこちら

シュワシュワ食感の
ふわふわケーキ

CHAPTER 3 ／ ヨーグルトやプリンで

オイコスでスフレチーズケーキ

材料（直径12cmのケーキ型1個分）
- 水切りヨーグルト（オイコス／市販）… 2個（226g）
- 薄力粉 … 30g
- 卵 … 2個
- グラニュー糖 … 50g

作り方
1. 卵を卵黄と卵白に分ける。
2. ボウルにヨーグルトと卵黄を入れ、なめらかになるまでよく混ぜる。
3. 薄力粉を加え、さらによく混ぜる。
4. 別のボウルに卵白とグラニュー糖を入れ、泡立ててメレンゲを作る。
5. 3に4のメレンゲを少量加えて混ぜたら、残りのメレンゲをすべて加え、さっくり混ぜ合わせる。
6. クッキングシートを敷いたケーキ型の底と側面をアルミホイルで覆い、5の生地を流し入れて表面を平らにならす。
7. 天板に湯適量を注ぎ入れ、160℃に予熱したオーブンで6を40分湯煎焼きする。
8. 焼き上がったら、扉にタオルをはさんでオーブンを半開きにする。
9. 粗熱がとれたら、冷蔵庫でひと晩冷やして完成。

Point
6では、ケーキ型にお湯が入らないよう、しっかりアルミホイルで覆って。
8ではオーブンの扉を半開きにし、ゆっくり粗熱をとりましょう。

マシュマロヨーグルトケーキ

材料3つで

使う市販品と型はコレ！
と

マシュマロの甘味が
ベストマッチ

材料（直径12cmのケーキ型1個分）
- 水切りヨーグルト（オイコス／市販）
  … 2個（226g）
- ビスケット（チョイス／市販）… 12枚
- マシュマロ … 200g

作り方

1. ボウルにビスケットを入れ、細かく砕く。
2. 耐熱ボウルにヨーグルトとマシュマロを入れて混ぜ、電子レンジで2分加熱し、さらによく混ぜる。
3. 再度1分加熱し、よく混ぜる。
4. 1に3を30g加えて混ぜ、クッキングシートを敷いたケーキ型に入れて底に押し固める。
5. 4に3のヨーグルト生地を流し入れ、表面の空気をつぶして平らにならす。
6. 冷蔵庫で5を3時間以上冷やし固めたら完成。

Point
2、3では、マシュマロを完全に溶かし切ってください。とはいえ、焦げないように注意。5で生地を流し入れた後、生地の表面を丁寧に整えることできれいに仕上がります。

動画はこちら

CHAPTER 3 ／ ヨーグルトやプリンで

材料 **4** つで

濃厚チーズケーキ

使う市販品と型はコレ！

ひとり分サイズが
ちょうどいい

材料（直径10cmのココット皿2個分）

- 水切りヨーグルト（オイコス／市販）
  … 2個（226g）
- 米粉 … 40g
- クリームチーズ … 200g
- グラニュー糖 … 50g

作り方

1 ボウルに常温に戻したクリームチーズを入れ、よく練ってやわらかくする。
2 グラニュー糖を加えて混ぜ、ヨーグルトを加えてさらに混ぜる。
3 米粉を加えてよく混ぜたら、クッキングシートを敷いたココット皿に流し入れる。
4 電子レンジで3を2分加熱したら、粗熱をとる。
5 冷蔵庫で4を3時間以上冷やしたら完成。

Point
生地は均一になるように、よく混ぜ合わせてください。電子レンジで加熱する際は、必ず1個ずつレンチンを。加熱ムラがないように、回転させて全体に火を入れましょう。

動画はこちら

材料 **4** つで

牧場の朝でティラミス

使う市販品はコレ！

カップを使えば洗いもの少なし

材料（ヨーグルトカップ3個分）
- ヨーグルト（牧場の朝／市販）
  … 3個（210g）
- ビスケット（マリー／市販）… 3枚
- クリームチーズ（キリ／市販）
  … 3個（49g）
- ココアパウダー … 適量

作り方

1. ボウルにヨーグルトとクリームチーズを入れ、よく混ぜる。
2. ヨーグルトカップに1の生地を半量ずつ入れ、ビスケットを1枚ずつ入れたら、残りの生地を流し入れる。
3. 表面を平らにならし、冷蔵庫で1時間冷やす。
4. 仕上げにココアパウダーを振ったら完成。

Point

ヨーグルトチーズ生地の間に入れたビスケットにしっかり生地を染み込ませ、しっとりさせるとよりおいしくなります。2で一番上にビスケットをもう1枚のせても◎。

動画はこちら

CHAPTER 3 ／ ヨーグルトやプリンで

材料 3 つで

ヨーグルトパウンドケーキ

使う市販品と型はコレ！

さわやかな酸味と
ヨーグルトの風味がおいしい

材料（18cmのパウンド型1個分）

- ヨーグルト（牧場の朝／市販）
  … 3個（210g）
- ホットケーキミックス … 150g
- 卵 … 2個

作り方

1. ボウルにヨーグルトと卵を入れ、よく混ぜ合わせる。
2. ホットケーキミックスを加えて混ぜ、クッキングシートを敷いたパウンド型に流し入れる。
3. 170℃に予熱したオーブンで30分焼いたら完成。

Point

表面が焦げすぎないよう、様子を見てアルミホイルを上にかけて焼いてください。甘味が足りないようなら、1でグラニュー糖30gを足して。

カラメルのほろ苦さと
マフィンの甘味がベストマッチ!

CHAPTER 3 ／ ヨーグルトやプリンで

使う市販品と型はコレ！

プリンマフィン

材料（6個分／直径5.5cm×4cmのマフィンカップ使用）

- プリン（市販）… 3個（210g）
- ホットケーキミックス … 150g
- グラニュー糖 … 50g

作り方

1. ボウルにプリンとホットケーキミックスを入れ、よく混ぜ合わせたら絞り袋に入れる。
2. 天板にマフィンカップを並べ、1の生地を絞り入れる。
3. 200～300Wのトースターで20～30分焼く。
4. 耐熱ボウルにグラニュー糖と水小さじ1（分量外）を入れて混ぜ、電子レンジで2～3分加熱する。
5. 4に水小さじ1（分量外）を加えてよく混ぜたら、3のマフィンの表面にかけて完成。

Point

4、5でカラメルを作る時、焦がさないように様子を見ながら、加熱時間を調整してください。5でカラメルをかけて固まったらできあがり！

動画はこちら

材料 **3** つで

プリンチーズケーキ

使う市販品と型はコレ！
 と

プリンがチーズケーキに大変身！

| 材料 |(直径12cmのケーキ型1個分)

- プリン(市販) … 3個(210g)
- クリームチーズ … 200g
- 卵 … 1個

| 作り方 |

1. ボウルに常温に戻したクリームチーズを入れ、よく練ってやわらかくする。
2. 卵を割り入れてよく混ぜ、プリンを加えてさらに混ぜ合わせる。
3. クッキングシートを敷いたケーキ型に 2 を流し入れ、170℃に予熱したオーブンで40分焼く。
4. 粗熱をとり、冷蔵庫で3時間以上冷やしたら完成。

Point
生地をなめらかに、均一になるようによく混ぜ合わせることがポイント。表面にちょうどいい焼き色がついたら、上にアルミホイルをかぶせて焼きましょう。

動画はこちら

CHAPTER
4

飲み物や市販菓子で

普段愛飲している飲み物もあっという間にスイーツに！
市販菓子も、手を加えればケーキやクッキーに変身。

牛乳パックを使えば型不要！

CHAPTER 4 ／ 飲み物や市販菓子で

使う市販品はコレ！

牛乳パックでマシュマロチーズケーキ

材料（450mlの牛乳パック1個分）
- 牛乳 … 80ml
- ビスケット（チョイス／市販）… 12枚
- マシュマロ … 150g
- クリームチーズ … 200g

作り方

1. 牛乳パックの上部をカットし、型を作る。
2. ボウルにビスケットを入れ、細かく砕く。
3. 牛乳30mlを加えてよく混ぜたら、牛乳パックに入れて底に押し固め、冷蔵庫でよく冷やす。
4. 耐熱ボウルにマシュマロと牛乳50mlを入れ、電子レンジで2分加熱し、よく混ぜる。
5. 別のボウルに常温に戻したクリームチーズを入れ、よく練ってやわらかくする。
6. 5に4を加えてよく混ぜ、3の牛乳パックに流し入れたら、冷蔵庫でひと晩冷やし固めて完成。

Point

型に使う牛乳パックはよく洗って、中の水分を完全に拭き取ってください。生地はとにかくよく混ぜ合わせること。パックから外す時は、完全に固まったことを確認しましょう。

動画はこちら

彩りもかわいい
映えるひんやりおやつ

CHAPTER 4 ／ 飲み物や市販菓子で

使う市販品はコレ！

パックそのままフルーツ牛乳寒天

材料 （450mlの牛乳パック1個分）

- 牛乳 … 300ml
- フルーツ（缶詰でも可）… 適量
- グラニュー糖 … 50g
- 寒天（パウダー）… 4g

作り方

1. 牛乳パックの上部をカットし、型を作る。
2. 耐熱ボウルに牛乳200mlを入れ、電子レンジで2分加熱する。
3. 別の耐熱ボウルに水100ml（分量外）と寒天を入れて混ぜ、電子レンジで3分加熱して混ぜる。
4. 3にグラニュー糖を加えて混ぜ、2の温めた牛乳を加えてさらに混ぜる。
5. 残りの牛乳100mlを数回に分けて加え、都度よく混ぜ合わせる。
6. フルーツをお好みのサイズに切り、汁気をよく拭き取り、5に加えて混ぜる。
7. 1の牛乳パックに6を流し入れ、冷蔵庫で3時間以上冷やし固めたら完成。

Point

3で寒天を加熱する際は、フツフツと沸騰させて。グラニュー糖がよく溶けるようにしっかりと混ぜてからフルーツを加えてください。7でパックから出す時は完全に固まってから。

動画はこちら

材料 **3**つで

牛乳パックで寒天チョコレートケーキ

使う市販品はコレ！

とろっと泡立てた
生クリームをかけても

材料（450mlの牛乳パック1個分）

- 牛乳 … 450ml
- チョコレート … 200g
- 寒天（パウダー）… 5g

作り方

1. 耐熱ボウルに牛乳と寒天を入れて軽く混ぜ、電子レンジで2分加熱し、さらによく混ぜる。
2. 細かく割ったチョコレートを加え、溶かしながらよく混ぜる。
3. チョコレートが混ざったら、電子レンジで5分加熱し、さらによく混ぜる。
4. 濾し器で3を濾し、上部を切った牛乳パックに流し入れ、冷蔵庫でひと晩冷やし固めたら完成。

Point

寒天をしっかり溶かしたら混ぜ、チョコレートもしっかり溶かしたら、とろみがつくまでよく混ぜます。濾し器で濾して生地をなめらかにすると、口当たりのいい仕上がりに。

動画はこちら

CHAPTER 4 ／ 飲み物や市販菓子で

いちごミルクで蒸しパン

使う市販品と型はコレ！

いちごのピンクがかわいい〜

材料（10cm×10cmの耐熱容器1個分）
- いちごミルク（市販）… 200㎖
- ホットケーキミックス … 200g

作り方

1. ボウルにいちごミルクとホットケーキミックスを入れて混ぜる。
2. 耐熱容器に **1** を流し入れ、3回ほど軽く落として空気を抜く。
3. ふんわりとラップをして電子レンジで5分加熱し、耐熱容器から出して粗熱がとれたら完成。

Point

2でしっかり空気を抜くことで、きれいな仕上がりに。電子レンジで加熱する際は、中心部までしっかり火が通っていることを確認してください。通っていなければ10秒ずつ加熱を。

コーヒー牛乳が余ったら、
蒸しパンのおやつに♪

CHAPTER 4 ／ 飲み物や市販菓子で

使う市販品と型はコレ！

お鍋でコーヒー牛乳蒸しパン

材料（直径10cmのココット皿1個分）
- コーヒー牛乳（市販）… 200㎖
- ホットケーキミックス … 150ｇ

作り方
1. ボウルにコーヒー牛乳とホットケーキミックスを入れて混ぜる。
2. クッキングシートを敷いたココット皿に 1 の生地を流し入れ、3回ほど軽く落として空気を抜く。
3. 鍋に 2 を入れ、ココット皿が半分浸る程度の水を注ぎ入れ、湯煎にかける。
4. ふたをし、弱火で20～30分加熱する。
5. しっかりふくらんだら、粗熱をとって完成。

Point
生地はダマが残るようにさっくり混ぜると、しっかりふくらみやすくなります。2で生地を流し入れたら、ココット皿を3回ほど軽く落としてしっかり空気を抜いてください。3ではココット皿に水が入らないように注意して。

失敗知らずの
プルプルプリン〜☆

CHAPTER 4 ／ 飲み物や市販菓子で

材料 3 つで

コーヒー牛乳パックプリン

使う市販品はコレ！

材料（500mlのコーヒー牛乳パック1個分）

- コーヒー牛乳（市販）… 500ml
- グラニュー糖 … 50g
- ゼラチン … 10g

作り方

1. 耐熱ボウルにグラニュー糖と水大さじ1（分量外）を入れて混ぜ、電子レンジで2〜3分加熱する。
2. さらに水大さじ1（分量外）を加えてよく混ぜたら、コーヒー牛乳パックの底に流し入れる。
3. 耐熱ボウルにゼラチンとコーヒー牛乳100mlを入れ、軽く混ぜてふやかす。
4. 別の耐熱ボウルにコーヒー牛乳400mlを入れ、電子レンジで2分加熱する。
5. 電子レンジで3を30秒加熱して混ぜたら、4に加えてよく混ぜ合わせる。
6. 2のカラメルがしっかり固まったら、5を流し入れる。
7. 冷蔵庫で6を3時間以上冷やし固めたら完成。

Point

ゼラチンはしっかりふやかしてから、加熱してよく溶かしてください。6でパックに生地を流し入れる際は、底のカラメルがきちんと固まっていることを確認しましょう。

エスプレッソや

ノンシュガーなどでも

CHAPTER 4 ／ 飲み物や市販菓子で

使う市販品はコレ！

 材料 **4** つで

カップそのままカフェラッテゼリー

材料（マウントレーニアカップ1個分）
- カフェラッテ（マウントレーニア／市販）… 1個（240㎖）
- ホイップ（しぼるだけホイップ／市販）… 適量
- チョコレートソース … 適量
- ゼラチン … 5g

作り方
1. 耐熱ボウルにカフェラッテ大さじ2とゼラチンを入れ、軽く混ぜてふやかす。
2. ゼラチンがふやけたら、電子レンジで10秒加熱する。
3. カップに 2 を戻し入れ、よく混ぜ合わせる。
4. 冷蔵庫でひと晩冷やし固める。
5. ホイップを絞り、チョコレートソースをかけたら完成。

Point
ゼラチンがしっかり溶けるよう、カフェラッテは必ず常温に戻して使用してください。ホイップやチョコレートソースなどがなくてもおいしいです。

動画はこちら

ミルクココアケーキ

ブラックコーヒーがぴったり、ほろ苦のココアケーキ

材料 (直径12cmのケーキ型1個分)

- ミルクココア（粉末／市販）… 30g
- ホットケーキミックス … 50g
- 卵 … 2個
- グラニュー糖 … 30g

作り方

1. 卵を卵黄と卵白に分ける。
2. ボウルに卵白とグラニュー糖を入れ、泡立ててメレンゲを作る。
3. 別のボウルに卵黄を入れて溶き、2のメレンゲを少量加えてなじませる。
4. 残りのメレンゲを加えてさっくり混ぜたら、ホットケーキミックスとミルクココアを加え、さらにさっくり混ぜる。
5. クッキングシートを敷いたケーキ型に4を流し入れ、170℃に予熱したオーブンで40分焼く。
6. ケーキ型から外し、粗熱をとったら完成。

Point

メレンゲをしっかりと泡立てることがポイント。4で全量加えたら、きめ細かなメレンゲの泡をできるだけつぶさないようにさっくり混ぜましょう。仕上げにお好みでココアを振って。

CHAPTER 4 ／ 飲み物や市販菓子で

材料 2 つで

パックそのままフルーツゼリー

使う市販品はコレ！

お好みのジュースで作ってみて

材料（200mlのジュースパック3個分）

- フルーツジュース
  （オレンジ、ぶどう、りんご）
  … 各200ml
- 寒天（パウダー）… 9g

作り方

1. 耐熱ボウルを3つ用意し、それぞれにフルーツジュースと寒天3gずつを入れて混ぜる。
2. 電子レンジで1をそれぞれ3分加熱し、よく混ぜる。
3. それぞれジュースパックに戻して封をする。
4. 冷蔵庫でひと晩冷やし固めたら、ジュースパックから出して完成。

Point
寒天はパウダー状のものを使い、しっかりと溶かしてください。溶けたらすぐにジュースパックに戻し、冷蔵庫でしっかりと冷やし固めてください。出す時は崩れないように気をつけて。

動画はこちら

たった材料2つで
プニプニのグミが完成!

CHAPTER 4 ／ 飲み物や市販菓子で

材料 **2**つで

ジュースでフルーツグミ

使う市販品と型はコレ！
と

材料 （作りやすい分量／シリコン製氷皿使用）
- フルーツジュース（オレンジ、ぶどう、りんご）… 各100㎖
- ゼラチン … 30g

作り方
1 耐熱ボウルを3つ用意し、それぞれにフルーツジュース50㎖とゼラチン10gを入れ、軽く混ぜてふやかす。
2 別の耐熱ボウルを3つ用意し、それぞれに残りのフルーツジュースを入れ、電子レンジで1分ずつ加熱する。
3 電子レンジで 1 をそれぞれ30秒加熱して混ぜ、それぞれ 2 に加えてよく混ぜる。
4 製氷皿に 3 を流し入れ、冷蔵庫で1～2時間冷やし固めたら完成。

Point
ゼラチンをしっかり溶かし、ジュースが温かいうちによく混ぜてください。ダマにならないよう、よく混ぜ合わせることがポイント。もっと甘味が欲しいなら、グラニュー糖20～30gを加えても。

小枝でチーズケーキ

使う市販品と型はコレ！

市販の小枝を使えば簡単、見た目もGOOD！

材料 （直径6cm×5cmのセルクル4個分）

- 小枝（市販）… 適量
- ビスケット（チョイス／市販）… 12枚
- クリームチーズ … 200g
- ホイップ（しぼるだけホイップ／市販）… 1本（220㎖）

作り方

1. ボウルにビスケットを入れ、細かく砕く。
2. 別のボウルに常温に戻したクリームチーズを入れ、よく練ってやわらかくする。
3. 2にホイップを加え、よく混ぜ合わせる。
4. 1に3を30g加えてよく混ぜ、セルクルに入れて底に押し固める。
5. 4に3を入れ、表面を平らにならす。
6. 冷蔵庫で3時間冷やし固めたら、セルクルから外す。
7. まわりに小枝をバランスよくくっつけたら完成。

Point

クリームチーズは常温に戻しておくと作業がしやすいです。ちょっとした来客時にも重宝。上部の飾りはお好みで。

CHAPTER 4 / 飲み物や市販菓子で

材料 **4**つで

いちごのミルフィーユ

使う市販品はコレ！

パイシートを使わないので簡単すぎる！

材料（6個分）
- ウエハース（市販）… 3枚
- いちご … 適量
- 生クリーム … 100㎖
- グラニュー糖 … 20g

作り方
1. ウエハースを横長の長方形になるように半分に切り分け、さらにクリームの部分で半分に割る。
2. ボウルに生クリームとグラニュー糖を入れ、六分立てに泡立てたら、絞り袋に入れる。
3. ウエハースの上に2のホイップを絞り、スライスしたいちごをのせる。
4. さらにホイップを絞り、ウエハースをのせる。仕上げにホイップといちごで飾りつけたら完成。

Point
ウエハースはクリームサンドのものを使用しています。切る際は慎重に、割らないように注意を。いちごの水分はしっかり拭き取って。ウエハースはそっと添える程度に。

動画はこちら

キットカットで
　　ホールケーキのできあがり

CHAPTER 4 ／ 飲み物や市販菓子で

使う市販品と型はコレ！

材料 **4**つで

キットカットでチョコケーキ

材料 （直径12cmのシリコン丸型1個分）

- キットカット（市販）… 適量
- チョコアイスクリーム（スーパーカップ／市販）… 200㎖
- ホットケーキミックス … 150g
- チョコホイップ（しぼるだけホイップ／市販）… 2本（440㎖）

作り方

1. 耐熱ボウルにアイスクリームを入れ、電子レンジで2分加熱し、よく混ぜる。
2. ホットケーキミックスを加え、よく混ぜ合わせる。
3. 丸型に2を流し入れ、ふんわりとラップをして電子レンジで3〜4分加熱する。
4. 粗熱がとれたら、3のスポンジを横半分に切り、1枚の表面にチョコホイップを塗る。
5. もう1枚のスポンジをのせ、さらに全体にチョコホイップを塗る。
6. まわりにキットカットをバランスよくくっつけたら完成。

Point

生地はダマにならないよう、よく混ぜ合わせてください。4でチョコホイップを塗ったら、お好みでスライスしたいちごをはさんでも。仕上げに、上部にキットカットを添えて。

99

CHAPTER 4 ／ 飲み物や市販菓子で

使う市販品と型はコレ！

チョコパイで濃厚チョコレートケーキ

材料（直径12cmのシリコン丸型1個分）

- チョコパイ（市販）… 5個
- チョコレート … 100g
- チョコアイスクリーム（スーパーカップ／市販）… 60㎖

作り方

1. 耐熱ボウルにチョコパイとアイスクリームを入れ、電子レンジで30秒〜1分加熱し、よく混ぜ合わせる。
2. 丸型に1を入れて表面を平らにならし、ふんわりとラップをして電子レンジで2〜3分加熱する。
3. 粗熱がとれたら丸型から外し、冷蔵庫で1〜2時間冷やす。
4. 耐熱ボウルに細かく割ったチョコレートを入れ、電子レンジで1〜2分加熱し、よく混ぜる。
5. 3に4をかけてコーティングし、冷蔵庫で30分冷やし固めたら完成。

Point

4でチョコレートを加熱して溶かしたら、なめらかになるまでよく混ぜます。コーティングする時は、チョコレートの粗熱をとってからかけてください。

動画はこちら

マシュマロを焼くだけで
ほろほろのクッキーに！

CHAPTER 4 ／ 飲み物や市販菓子で

マシュマロだけでメレンゲクッキー

材料（10個分）
- マシュマロ … 10個
- チョコレート … 100g

作り方
1. 天板にクッキングシートを敷き、マシュマロを1個ずつ、間隔をあけて並べる。
2. 120℃のオーブンで60〜90分焼いたら、粗熱をとる。
3. 耐熱ボウルに細かく割ったチョコレートを入れ、電子レンジで1〜2分加熱し、よく混ぜる。
4. 3のチョコレートに2を絡めてコーティングし、冷蔵庫で30分〜1時間冷やしたら完成。

Point
並べたマシュマロにチョコレートをかけてもよし、ボウルに入れたチョコレートにくぐらせてもよし。やりやすい方法でコーティングしてください。ホワイトチョコレートでも◎。

材料 2つで

チョコクッキー

使う市販品はコレ！

材料2つで
クッキーができちゃう

材料（10～12個分）
- チョコレート … 100g
- 片栗粉 … 100g

作り方
1. 耐熱ボウルに細かく割ったチョコレートを入れ、電子レンジで2分加熱し、よく混ぜる。
2. 片栗粉を加えてよく混ぜる。
3. 2のクッキー生地をラップで包み、薄く伸ばす。
4. 冷蔵庫で5～10分冷やしたら10～12等分に切り分け、アルミホイルを敷いた天板に並べる。
5. トースターで5～10分焼き、天板にのせたまま粗熱をとったら完成。

Point
2で生地を固めすぎないほうが、切り分けやすいです。焼き上げたら、クッキーが固まるまで、天板にのせたまま、触らずに粗熱をとってください。

動画はこちら

CHAPTER 4 ／ 飲み物や市販菓子で

材料 3 つで

生チョコ

使う市販品と型はコレ！

混ぜて冷やすだけの
　　　簡単レシピ

材料（15cm×10cmの保存容器使用）
- チョコレート … 200g
- 牛乳 … 60㎖
- ココアパウダー … 適量

作り方
1. 耐熱ボウルに細かく割ったチョコレートと牛乳を入れ、電子レンジで2分加熱し、よく混ぜる。
2. クッキングシートを敷いた容器に 1 を流し入れ、冷蔵庫で3時間以上冷やす。
3. 容器から出したらお好みのサイズに切り分け、ココアパウダーをまぶして完成。

Point
切り分ける時は、温めたナイフを使うときれいに切れます。手の温度で溶けやすいので、扱う時は手を冷やすか、トングなどを使って。

動画はこちら

焼き立てとろっ、
リッチな気分に

CHAPTER 4 ／ 飲み物や市販菓子で

使う市販品と型はコレ！

材料 **3** つで

フォンダンショコラ

材料（直径10cmのココット皿2個分）

- チョコレート … 150g
- 牛乳 … 50㎖
- 卵 … 2個

作り方

1. チョコレートを4片ほど分けておく。
2. 耐熱ボウルに細かく割ったチョコレートを入れ、電子レンジで2分加熱し、よく混ぜる。
3. 別の耐熱ボウルに牛乳を入れ、電子レンジで30秒温める。
4. 2に3を流し入れて混ぜ、卵を1個ずつ割り入れたら都度混ぜる。
5. クッキングシートを敷いたココット皿に4を半分を目安に流し入れ、1のチョコレートを2片ずつ入れる。
6. 4の残りのチョコレート生地をゆっくり流し入れる。
7. トースターに6を入れ、アルミホイルをかぶせて5分焼く。
8. アルミホイルを外し、さらに10分焼く。
9. しっかり粗熱がとれたら完成。

Point

トースターで焼く時は、クッキングシートがココット皿からはみ出さないように。生地はダマがなくなるまでよく混ぜ、ココット皿にゆっくりと流し入れ、空気が入らないようにしてください。

動画はこちら

香ばしいキャラメルバナナが
たまらない

CHAPTER 4 ／ 飲み物や市販菓子で

使う市販品と型はコレ！

材料 **4** つで

キャラメルバナナケーキ

材料 （直径12cmの丸型1個分）

- ミルクキャラメル（市販）… 100g
- バナナ … 2本
- ホットケーキミックス … 150g
- 牛乳 … 110㎖

作り方

1. バナナ1本の皮をむき、縦に薄くスライスする。
2. 隙間なく並べ、型の大きさに合わせてカットする。
3. 耐熱ボウルにミルクキャラメルと牛乳10㎖を入れ、電子レンジで2分加熱し、よく混ぜる。
4. 丸型に3を流し入れ、底全体に広げる。
5. 2のバナナを4の上に並べ入れる。
6. ボウルに皮をむいたバナナ1本を入れ、フォークなどでつぶす。
7. 6に牛乳100㎖を加えて混ぜ、ホットケーキミックスを加えてさらによく混ぜる。
8. 5に7を流し入れ、180℃に予熱したオーブンで30分焼く。
9. 粗熱がとれたら、丸型から外して完成。

Point
2でカットしたバナナを、5で隙間なく並べ入れましょう。4では、キャラメルが固まる前に底全体に広げてください。

動画はこちら

キャラメルの香りが絶品☆

CHAPTER 4 ／ 飲み物や市販菓子で

キャラメルパウンドケーキ

材料 （18cmのパウンド型1個分）
- ミルクキャラメル（市販）… 50g
- ホットケーキミックス … 150g
- 牛乳 … 適量

作り方
1. ボウルにホットケーキミックスと牛乳150mlを入れて混ぜる。
2. 別の耐熱ボウルにミルクキャラメルと牛乳大さじ1を入れ、電子レンジで2分加熱し、よく混ぜる。
3. 1に2を加え、さっくり混ぜる。
4. クッキングシートを敷いたパウンド型に3を流し入れ、170℃に予熱したオーブンで30分焼く。
5. 粗熱がとれたら、パウンド型から外して完成。

Point
2でキャラメルを溶かす際は、焦がさないように様子を見てください。3では、生地とキャラメルをさっくり混ぜましょう。断面がマーブル状に仕上がります。

キャラメルプリン

とろ〜りなめらかな
魅惑のおいしさ

材料（2個分／100mlのプリンカップ使用）

- ミルクキャラメル（市販）…5粒
- 牛乳…100ml
- 卵…1個

作り方

1. 耐熱ボウルにミルクキャラメル2粒を入れ、電子レンジで1分加熱して溶かし、プリンカップに入れる。
2. 耐熱ボウルにキャラメル3粒と牛乳を入れ、電子レンジで2分加熱し、よく混ぜる。
3. 2に卵を割り入れて混ぜたら、1に流し入れる。
4. 耐熱容器に湯適量を張り、3をプリンカップごと入れ、ふんわりとラップをかける。
5. 電子レンジで3分加熱し、粗熱がとれたら冷蔵庫で3時間以上冷やして完成。

Point

キャラメルをレンチンする時は焦がさないように要注意。4ではお湯がプリンカップに入らないよう、丁寧に扱ってください。

CHAPTER
5

絹ごし豆腐で

なめらかな絹ごし豆腐は、実はスイーツ作りでも大活躍。
1個150gの3個パックは、使い切れる分量でおすすめ。

材料 **3** つで

チョコチップスコーン

使う市販品はコレ！

お豆腐が余ったら
スコーンにしておやつタイムに

材料（5〜6個分）

- 絹ごし豆腐 … 80g
- チョコレート … 50g
- ホットケーキミックス … 150g

作り方

1. ボウルに豆腐を入れ、よく混ぜてなめらかにする。
2. ホットケーキミックスを加え、よく混ぜ合わせる。
3. チョコレートを細かく割り、2 に加えてさっくり混ぜる。
4. 5〜6等分にし、三角形になるように形を整える。
5. 炊飯釜に 4 を並べ、炊飯器に入れる。
6. 「炊飯」モードで加熱し、粗熱がとれたら完成。

Point

豆腐はダマにならないよう、できるだけよく混ぜてなめらかにしてください。チョコレートはチップになるよう、適度な大きさに割って混ぜます。

動画はこちら

CHAPTER 5 / 絹ごし豆腐で

材料 **4** つで

使う市販品と型はコレ！

豆腐ガトーショコラ

生クリームや
バターを使わなくてもなめらかに

材料（10cm×10cmの耐熱容器1個分）

- 絹ごし豆腐 … 150g
- チョコレート … 100g
- 卵 … 1個
- ココアパウダー … 適量

作り方

1. 豆腐の水気をよく切る。
2. 耐熱ボウルに細かく割ったチョコレートを入れ、電子レンジで1分加熱し、よく混ぜる。
3. 卵を割り入れてよく混ぜ、1の豆腐を加えてさらによく混ぜる。
4. 耐熱容器に3を流し入れ、電子レンジで5分加熱する。
5. 粗熱をとり、冷蔵庫で3時間冷やす。
6. 容器から出し、お好みのサイズに切り、ココアパウダーを振ったら完成。

Point

3では、豆腐がダマにならないようによく混ぜてください。電子レンジで加熱する際は、均一に火が入るよう、様子を見て回転させて。切り分けるサイズはお好みで。

動画はこちら

 使う市販品と型はコレ！

豆腐でレアチョコタルト

オーブン不要だから楽チン

材料（直径12cmのケーキ型1個分）

- 絹ごし豆腐 … 150g
- ビスケット（チョイス／市販） … 12枚
- チョコレート … 200g

作り方

1. ボウルにビスケットを入れ、細かく砕く。
2. 別のボウルに豆腐を入れ、よく混ぜてなめらかにする。
3. 耐熱ボウルに細かく割ったチョコレートを入れ、電子レンジで2分加熱し、よく混ぜる。
4. 2に3を加えて混ぜたら、30gを1に加えて混ぜる。
5. クッキングシートを敷いたケーキ型に4を入れて底に押し固め、その上に3を入れて表面を平らにならす。
6. 冷蔵庫で3時間以上冷やし固めたら完成。

Point

タルト生地が崩れないよう、ビスケットはできるだけ細かく砕き、5ではしっかり押し固めてください。型から外す際も、タルトが崩れないようにゆっくり丁寧に扱って。

動画はこちら

CHAPTER 5 / 絹ごし豆腐で

材料 **4**つで

豆腐プリン

使う市販品はコレ！

見た目は豆腐だけど
実はプリン♪

材料（150gの豆腐パック2個分）

- 絹ごし豆腐 … 150g
- 豆乳 … 200㎖
- グラニュー糖 … 20g
- ゼラチン … 5g

作り方

1. ボウルに豆腐を入れ、よく混ぜてなめらかにしたら、グラニュー糖を加えてさらに混ぜる。
2. 耐熱ボウルに豆乳を入れ、電子レンジで1分加熱したら、ゼラチンを加えて混ぜる。
3. 2を電子レンジで1分加熱して混ぜたら、1に加えて混ぜる。
4. 豆腐パックに3を流し入れ、冷蔵庫で3時間冷やし固めたら完成。

Point

豆腐はダマがなくなるまでよく混ぜ合わせることが大切。ゼラチンはよく混ぜて溶かし切ってください。パックから出す時は、ナイフなどで4つの辺をはがすと取り出しやすいです。

動画はこちら

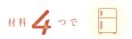

豆腐でティラミス

使う市販品はコレ！

しっとりなめらかな
大人のおやつ

材料（直径10cmの器2個分）
- 絹ごし豆腐 … 150g
- クリームチーズ … 200g
- グラニュー糖 … 50g
- ココアパウダー … 適量

作り方
1. ボウルに常温に戻したクリームチーズを入れ、よく練ってやわらかくする。
2. グラニュー糖を加えて混ぜ、豆腐を加えてさらに混ぜる。
3. 器に2とココアパウダーを交互に重ね入れる。
4. 冷蔵庫で2時間以上冷やしたら完成。

Point
2では、ダマがなくなるまでよく混ぜ合わせ、なめらかにしてください。3では、3層になるよう、生地とココアパウダーを交互に重ね入れましょう。

CHAPTER 5 ／ 絹ごし豆腐で

材料 4 つで

ボウルのままココア蒸しパン

使う市販品と型はコレ！

ほろ苦風味に、
お好みでホイップを添えて

| 材料 | （直径12cmの耐熱ボウル1個分）

- 絹ごし豆腐 … 150g
- ホットケーキミックス … 150g
- ココアパウダー … 30g
- サラダ油 … 30g

| 作り方 |

1 耐熱ボウルに豆腐を入れて混ぜ、サラダ油を加えて混ぜ合わせる。
2 ホットケーキミックスとココアパウダーを加え、さらに混ぜる。
3 ふんわりとラップをし、電子レンジで3〜4分加熱する。
4 しっかり粗熱をとり、耐熱ボウルから出したら完成。

Point
2で生地を混ぜる際、ダマが少し残るくらい、さっくり混ぜるとふくらみやすくなります。1ではよく豆腐を混ぜ、なめらかにしてください。加熱後、竹串で刺し、生地がついてこないか確認を。

揚げないから
ヘルシーなのがうれしい

CHAPTER 5 ／ 絹ごし豆腐で

豆腐きな粉ドーナツ

材料 （6個分／シリコンドーナツ型使用）

- 絹ごし豆腐 … 150g
- ホットケーキミックス … 150g
- きな粉 … 適量
- グラニュー糖 … 適量

作り方

1 ボウルに豆腐を入れ、よく混ぜてなめらかにする。
2 ホットケーキミックスを加え、さらに混ぜる。
3 ドーナツ型に 2 を流し入れる。
4 電子レンジで 3 を 3～4 分加熱し、しっかり粗熱をとる。
5 きな粉とグラニュー糖を合わせ、4 にまぶしたら完成。

Point

3 で、2 の生地をドーナツ型に流し入れる際は、絞り袋に入れて一周回すようにして絞り入れるとやりやすいです。きな粉の代わりに、溶かしたチョコレートでコーティングしても◎。

121

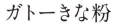 材料 **4**つで

ガトーきな粉

使う市販品と型はコレ！

きな粉の和の風味に癒される

材料（10cm×10cmの耐熱容器1個分)

- 絹ごし豆腐 … 150g
- きな粉 … 50g
- 卵 … 1個
- グラニュー糖 … 50g

作り方

1. ボウルに豆腐を入れ、よく混ぜてなめらかにする。
2. グラニュー糖を加えて混ぜ、卵を割り入れてさらに混ぜる。
3. きな粉を加えて混ぜ合わせたら、クッキングシートを敷いた耐熱容器に流し入れる。
4. ふんわりとラップをして電子レンジで4分加熱したら、容器から出して粗熱をとる。
5. 冷蔵庫で2時間冷やし、切り分けたら完成。

Point

4で電子レンジで加熱したら、竹串を刺して中心部までしっかり火が入っているかどうか確認を。しっかりと粗熱をとって、冷やしてからいただくとおいしいです。

動画はこちら

CHAPTER 5 ／ 絹ごし豆腐で

豆腐もち

使う市販品はコレ！

黒みつをかけたり、
黒すりごまでも◎

材料（4〜5個分）

- 絹ごし豆腐 … 150g
- 片栗粉 … 30g
- きな粉 … 適量

作り方

1. ボウルに豆腐を入れ、よく混ぜてなめらかにする。
2. 片栗粉を加え、さらによく混ぜ合わせる。
3. 電子レンジで1分加熱して混ぜ、3回繰り返してかたさを調整する。
4. ひとかたまりにし、水適量（分量外）に入れて粗熱をとり、4〜5等分にする。
5. バットにきな粉を広げ、4にまぶしたら完成。

Point

もちを加熱する際、一気に加熱せず、少しずつ加熱してかたさを調整してください。くっつきやすいので、4では水の中で粗熱をとりながら、食べやすいサイズに分けて。

動画はこちら

材料3つで
本格的な仕上がり

CHAPTER 5 ／ 絹ごし豆腐で

豆腐でまんじゅう

材料（6個分）

- 絹ごし豆腐 … 80g
- ホットケーキミックス … 150g
- こしあん … 200g

作り方

1. こしあんを6等分にして丸める。
2. ボウルに豆腐を入れ、よく混ぜてなめらかにする。
3. 2にホットケーキミックスを加え、さらに混ぜ合わせる。
4. 3に打ち粉（分量外）をし、6等分にしたら、薄く伸ばして1を包む。
5. 1個ずつ耐熱皿にのせ、ふんわりとラップをする。
6. 電子レンジで2分加熱し、粗熱をとったら完成。

Point
生地は一定の厚さに伸ばし、丸めたこしあんがきちんと隠れるように包んでください。電子レンジで加熱する際はムラなく、全体に火が通るように回転させて。

豆腐でちぎりパン

使う市販品はコレ！

発酵も、面倒なことも一切なし！

材料（直径20cmのフライパン使用）
- 絹ごし豆腐 … 150g
- ホットケーキミックス … 200g

作り方
1. ボウルに豆腐を入れ、よく混ぜてなめらかにする。
2. ホットケーキミックスを加えて混ぜたら、6等分にして丸める。
3. クッキングシートを敷いたフライパンに 2 を並べる。
4. ふたをし、弱火で10～15分、裏返して10～15分焼いたら完成。

Point
生地を一定の大きさに分けたら、均一に焼けるようにバランスよくフライパンに並べ入れてください。焼く時は表面を焦がしすぎないように。粗熱もしっかりとって。

動画はこちら

CHAPTER

6

その他食材で

食パンや切りもち、きな粉なども立派なおやつになっちゃう。
デザートの素もちょっとした手間でホールケーキに。

キリでクリチサンドクッキー

使う市販品はコレ！

サクッとしたクッキーと
濃厚なクリチのハーモニー

材料（6個分）

- クリームチーズ（キリ／市販）
  … 6個（98g）
- ホットケーキミックス … 100g
- サラダ油 … 30g

作り方

1 ボウルにホットケーキミックスとサラダ油を入れ、よく混ぜる。
2 ラップを敷いて 1 をのせ、上にラップをかけて麺棒で伸ばす。
3 2 をクリームチーズのサイズに合わせて12枚に切り分け、アルミホイルを敷いた天板に並べる。
4 トースターで 3 を5分焼く。
5 焼き上がったら粗熱をとり、クリームチーズをはさんで完成。

Point

クッキー生地は焦がさないように気をつけて。焼き上がったら、崩れないようにアルミホイルからはがしてください。クリームチーズをサンドするのは粗熱をとってから。

動画はこちら

CHAPTER 6 ／ その他食材で

材料 **2** つで

オートミールクッキー

使う市販品はコレ！

ザクザクの食感が
やめられない

材料（8〜10個分）

- オートミール … 100g
- はちみつ … 100g

作り方

1. ボウルにオートミールとはちみつを入れ、混ぜ合わせる。
2. 1の生地を8〜10等分にし、クッキングシートを敷いた天板に平たい円形状にして並べる。
3. 190℃に予熱したオーブンで2を10〜15分焼き、粗熱をとったら完成。

Point

クッキー生地はゆるいので、2では、スプーンなどを使って丸く形を整えるようにして天板に並べてください。3では、粗熱をしっかりとって固めて。

動画はこちら

フルーチェの
　　他の味でも試してみて

CHAPTER 6 ／ その他食材で

材料 **4** つで

使う市販品と型はコレ！

フルーチェでいちごのチーズケーキ

材料 （直径12cmのケーキ型1個分）

- フルーチェ（イチゴ／市販）… 1袋（200g）
- ホットケーキミックス … 50g
- クリームチーズ … 200g
- ベリー系フルーツ … 適量

作り方

1 ボウルに常温に戻したクリームチーズを入れ、よく練ってやわらかくする。
2 フルーチェを加え、よく混ぜ合わせる。
3 ホットケーキミックスを加え、さらによく混ぜ合わせる。
4 クッキングシートを敷いたケーキ型に3を流し入れ、表面を平らにならす。
5 180℃に予熱したオーブンで4を30〜40分焼き、粗熱をとる。
6 冷蔵庫で3時間以上しっかり冷やしたら、ケーキ型から外す。
7 ベリー系フルーツを飾ったら完成。

Point

生地は都度よく混ぜ、ダマにならないようにしてください。オーブンで焼く際は、表面が焦げすぎないよう、様子を見ながら焼く時間を調整して。

動画はこちら

材料 **4** つで

フルーチェでいちごタルト

使う市販品と型はコレ！
と

ホイップやいちごで飾っても

材料 （直径12cmのケーキ型1個分）

- フルーチェ（イチゴ／市販）
  … 1袋（200g）
- ビスケット（チョイス／市販）… 18枚
- 牛乳 … 250㎖
- ゼラチン … 5g

作り方

1. ボウルにビスケットを入れ、細かく砕く。
2. 牛乳50㎖を加え、よく混ぜ合わせる。
3. クッキングシートを敷いたケーキ型に2を入れ、底にしっかり押し固める。
4. 耐熱ボウルにゼラチンと牛乳50㎖を入れ、軽く混ぜてふやかす。
5. 別のボウルにフルーチェと牛乳150㎖を入れ、混ぜる。
6. 電子レンジで4を10秒加熱して混ぜ、5に加えてさらによく混ぜる。
7. 3に6を流し入れ、冷蔵庫で2〜3時間冷やし固めたら完成。

Point

ゼラチンは、電子レンジで加熱した後もよく混ぜ、生地と混ぜ合わせた後もよく混ぜ合わせると、生地が均一に固まって仕上がりがきれいです。

動画はこちら

CHAPTER 6 ／ その他食材で

材料 **3**つで

食パンで簡単ロールケーキ

使う市販品はコレ！

食パンを使えば
あっという間に完成！

材料（作りやすい分量）

- 食パン（6枚切り）… 6枚
- 生クリーム … 200㎖
- グラニュー糖 … 30g

作り方

1. 食パンのミミを切り落とし、クッキングシートの上に横に3枚、縦に2枚になるように少し重ねて並べる。
2. 麺棒で1を薄く伸ばす。
3. ボウルに生クリームとグラニュー糖を入れ、ツノが立つまで泡立てる。
4. 2に3のホイップをのせて広げる。
5. 4をクッキングシートごと丸め、冷蔵庫で1時間冷やす。
6. 食べやすいサイズに切ったら完成。

Point

1では、クリームを巻く時にはみ出さないよう、食パンの端と端が少し重なるように並べます。麺棒で伸ばす際は、つぶしすぎないようにふんわり感を残して。

動画はこちら

食パン1枚で
チーズケーキが作れちゃう!

CHAPTER 6 / その他食材で

材料 **4** つで

使う市販品はコレ！

食パンでバスクチーズケーキ

材料（1個分）

- 食パン（4枚切り）… 1枚
- クリームチーズ … 100g
- 卵 … 1個
- グラニュー糖 … 30g

作り方

1. 食パンのミミはそのままにして中心部のみ押しつぶす。
2. ボウルに常温に戻したクリームチーズを入れ、よく練ってやわらかくする。
3. グラニュー糖を加えて混ぜ、卵を割り入れてさらに混ぜる。
4. 1の中心部に3のチーズ生地を流し入れる。
5. 230℃に予熱したオーブンで4を10分焼く。
6. こんがり焼き色がついたら粗熱をとって完成。

Point
食パンの中心部をつぶす際、スクエア型容器などの底を使うと便利。ミミは切り落とさないように気をつけてください。チーズ生地はよく混ぜてなめらかに。

くるくる巻きが
とってもキュート♥

CHAPTER 6 ／ その他食材で

使う市販品はコレ！

食パンでシナモンロール

材料 （10個分）
- 食パン（6枚切り）… 4枚
- シナモン … 5g
- バター（無塩）… 30g

作り方
1. 耐熱ボウルにバターを入れ、電子レンジで30秒加熱する。
2. シナモンを加え、よく混ぜる。
3. 食パンのミミを1本につなげた状態で切り取る。白い部分は3等分に切る。
4. 麺棒で白い部分をのばし、表面に2を塗る。
5. 食パンを2枚つなげて端からくるくる巻き、巻き終わりを楊枝でとめる。
6. 食パンのミミにも同様に2を塗り、端からくるくる巻き、巻き終わりを楊枝でとめる。
7. アルミホイルを敷いた天板に5と6をのせ、トースターで5分焼き、粗熱をとったら完成。

Point

食パンのミミを切り落とす時は、バラバラにならないように注意して。パンは少し手のひらで押して軽くつぶすと巻きやすくなります。粉糖40gと水小さじ2を混ぜ合わせ、7に上からかけてアイシングすれば、より本格的に。

動画はこちら

外はサクッ、
　　中はふんわり

CHAPTER 6 ／ その他食材で

材料 **4** つで

使う市販品はコレ！

食パンで本格メロンパン

材料 （4個分）

- 食パン（5枚切り）… 4枚
- 薄力粉 … 100g
- バター（無塩）… 50g
- グラニュー糖 … 適量

作り方

1　ボウルに常温に戻したバターを入れ、よく練ってやわらかくする。
2　グラニュー糖50gを加えて白っぽくなるまで混ぜ、薄力粉を加えてさらに混ぜる。
3　2のクッキー生地を4等分にし、それぞれ丸める。
4　食パンのミミを切り落とし、白い部分を麺棒で薄く伸ばす。
5　食パンをさっと水に浸し、ぎゅっと握って丸める。
6　3のクッキー生地を丸く平たく伸ばし、5の丸めた食パンを包む。
7　表面に格子状の模様をつけ、グラニュー糖適量をまぶす。
8　トースターで7を10〜15分焼き、粗熱がとれたら完成。

Point

2では、白っぽくなるまで混ぜましょう。5で食パンを水に浸す時は、浸しすぎないよう、さっと濡らす程度に。8では、いい感じの焼き色がついたらアルミホイルをかぶせてください。

動画はこちら

切りもちを使えば
　失敗しません

CHAPTER 6 ／ その他食材で

材料 4 つで

ポンデリング

使う市販品はコレ！

材料（3個分）
- 切りもち … 2個
- ホットケーキミックス … 150g
- 牛乳 … 80㎖
- 粉糖 … 50g

作り方
1. ボウルに小さく切った切りもちと牛乳を入れ、電子レンジで3分加熱する。
2. よく混ぜたら、再度1分加熱してさらに混ぜる。
3. ホットケーキミックスを加えて混ぜたら、24等分にして丸める。
4. クッキングシートの上に、3を8個ずつ円になるようにくっつけて並べる。
5. 150～160℃の揚げ油適量（分量外）で4をきつね色になるまで揚げる。
6. ボウルに粉糖と水小さじ2（分量外）を合わせてアイシングを作り、5にかけたら完成。

Point

1では、切りもちを1cm角を目安に細かく、均等に切ってください。生地が手にくっつくようなら、手に水をつけて作業を。4で揚げる時は、生地同士がはがれないよう、クッキングシートの上にのせてシートごと揚げます。揚げる時は慎重に、丁寧に。

動画はこちら

揚げないから
罪悪感0のおやつ

CHAPTER 6 ／ その他食材で

使う市販品はコレ！

切りもちおかき

材料（作りやすい分量）
- 切りもち … 3個
- しょうゆ … 20ml
- 白砂糖 … 10g

作り方
1. 切りもちを6等分に切る。
2. 耐熱皿にクッキングシートを敷き、1を間隔をあけて並べる。
3. 電子レンジで2を5分加熱したら、容器に移して粗熱をとる。
4. ボウルにしょうゆと白砂糖を入れて混ぜ、3に絡めたら完成。

Point
4でたれを絡める前に、おかきの粗熱をしっかりとって。塩適量を入れた袋におかきを入れ、シャカシャカ振れば、塩味のおかきが完成。

動画はこちら

もちドーナツ

使う市販品はコレ！

仕上げにグラニュー糖を
全体にまぶしても

材料（8個分）

- 切りもち … 2個
- ホットケーキミックス … 150g
- 牛乳 … 100㎖

作り方

1. ボウルに小さく切った切りもちと牛乳を入れ、電子レンジで3分加熱し、よく混ぜる。
2. ホットケーキミックスを加えて混ぜ、8等分にして丸める。
3. 150〜160℃の揚げ油適量（分量外）で2をきつね色になるまで揚げたら完成。

Point

生地はもちのかたい部分が残らないよう、1でよく混ぜます。さらに2でホットケーキミックスを加えたらダマにならないように混ぜて。揚げる際は低温でじっくり、中まで火を通しましょう。

動画はこちら

CHAPTER 6 ／ その他食材で

まるで赤福

使う市販品はコレ！

伊勢名物「赤福」を食べたくて再現

材料（6〜8個分）
- こしあん … 適量
- 米粉 … 100g

作り方
1. 耐熱ボウルに米粉と水150㎖（分量外）を入れて混ぜる。
2. 電子レンジで2分加熱して混ぜ、再度1分加熱して混ぜる。
3. 6〜8等分にして丸め、こしあんで包んだら完成。

Point
こしあんで包む時は、人差し指、中指、薬指の形をつけながら、立体感のある仕上がりに。表面はできるだけなめらかにするときれいです。

動画はこちら

しっかり冷やして
つるんと食べたい

CHAPTER 6 ／ その他食材で

水まんじゅう

 と

> **材料**（2個分／「雪見だいふく」の容器使用）

- こしあん … 40g
- 片栗粉 … 30g
- グラニュー糖 … 20g

> **作り方**

1. こしあんを半分にして丸める。
2. ボウルに片栗粉とグラニュー糖を入れて混ぜ、水200㎖（分量外）を加えてさらに混ぜる。
3. フライパンに2を入れ、混ぜながら弱火で加熱する。
4. 粘りが出るまで練るようにして混ぜ、「雪見だいふく」の容器に半量ずつ入れる。
5. 1のこしあんを4の中心にそれぞれのせ、生地をかぶせるようにして形を整える。
6. 冷蔵庫で5を1時間冷やす。
7. 水で濡らしながら容器から出し、器に盛ったら完成。

Point

4で練る時は、透明になるまでよく混ぜてください。固まりやすいので、5では素早く形を整えましょう。容器から出す際は、水で濡らしながら作業をすると簡単です。

ごはんでおはぎ

余りごはんで
ささっとおやつ

材料（4個分）
- ごはん … 300g
- 粒あん … 400g
- きな粉 … 適量

作り方
1. 耐熱ボウルにごはんを入れ、電子レンジで2分加熱する。
2. 米粒が残るくらいまでつぶし、4等分にして俵形に整える。
3. 半量は粒あんを包んできな粉をまぶす。半量は粒あんで包む。それぞれ形を整えたら完成。

Point
ごはんは少し粒々が残る程度まで丁寧につぶしてください。粒あんやきな粉の他に、黒すりごまと砂糖を合わせてまぶしてもおいしく作れます。

動画はこちら

CHAPTER 6 ／ その他食材で

材料 **2**つで
きな粉棒

使う市販品はコレ！

駄菓子屋の懐かしの味

材料 （作りやすい分量）

- きな粉 … 適量
- はちみつ … 50g

作り方

1. ボウルにきな粉50gとはちみつを入れて混ぜる。
2. ラップを敷いて1をのせ、その上にラップをかけたら、麺棒で薄く伸ばす。
3. 2を均等な大きさに切り分け、形を整えて楊枝を刺す。
4. 全体にまんべんなくきな粉適量をまぶしたら完成。

Point

3では、5cmを目安に均等に切り分け、形を棒状に整えましょう。楊枝を刺す際は慎重に。仕上げのきな粉はまんべんなく、薄くまぶしてください。

動画はこちら

生きな粉

使う市販品はコレ！

口に入れた途端、ふわっと溶ける

材料（作りやすい分量）
- きな粉 … 50g
- 牛乳 … 60㎖
- グラニュー糖 … 20g

作り方
1. ボウルにきな粉とグラニュー糖を入れ、よく混ぜる。
2. 牛乳を加え、さらに混ぜる。
3. ラップで2を包み、四角い棒状に形を整える。
4. 1cm幅に切り分けたら完成。

Point
2の生地がベタつくようであれば、少量ずつきな粉を足して。しっとりとした状態がベストです。キャラメル大に形を整え、仕上げにお好みできな粉少々を振って。

動画はこちら

CHAPTER 6 ／ その他食材で

材料 **4** つで

きな粉シフォンケーキ

使う市販品と型はコレ！

ふわっふわの至福スイーツ

材料 （10cm×10cmの耐熱容器1個分）

- きな粉 … 30g
- ホイップ（しぼるだけホイップ／市販）… 適量
- 卵 … 2個
- グラニュー糖 … 30g

Point

シフォン生地はできるだけさっくり混ぜ、メレンゲをつぶさないようにすると、ふわふわな仕上がりになります。生地を加熱したら、竹串を刺して中心まで火が入っているか確認を。

作り方

1. 卵を卵黄と卵白に分ける。
2. ボウルに卵白とグラニュー糖を入れ、泡立ててメレンゲを作る。
3. 別のボウルに卵黄を入れて溶き、2のメレンゲを少量加えてなじませる。
4. 残りのメレンゲをすべて加えてさっくり混ぜたら、きな粉を加えてさらにさっくり混ぜる。
5. 耐熱容器に4の生地を流し入れたら、ふんわりとラップをする。
6. 電子レンジで3分加熱したら容器から出し、粗熱をとる。
7. 皿に盛り、ホイップを添えたら完成。

動画はこちら

材料 **4**つで

きな粉スノーボールクッキー

使う市販品はコレ！

ホロホロ食感でやみつきに

材料（15～20個分）

- きな粉 … 適量
- 薄力粉 … 100g
- グラニュー糖 … 30g
- サラダ油 … 50g

作り方

1. ボウルにきな粉50g、薄力粉、グラニュー糖を入れ、よく混ぜ合わせる。
2. サラダ油を加えて混ぜ、15～20等分にして丸める。
3. クッキングシートを敷いた耐熱皿に2を並べ、電子レンジで2分加熱したら、粗熱をとる。
4. バットにきな粉適量を振り、3のクッキーにまんべんなくまぶしたら完成。

Point

2では、クッキー生地をよく混ぜてひとかたまりにしてから、15～20等分にします。丸める時は力を入れずに、やさしく。3では焦げないように加熱してください。

動画はこちら

CHAPTER 6 ／ その他食材で

材料 **2**つで

ジャムでアイス

使う市販品はコレ！

混ぜて冷やすだけ！

材料（作りやすい分量）

- ジャム（いちご、ブルーベリー）
  … 各50g
- ホイップ（しぼるだけホイップ／市販）
  … 2本（440㎖）

作り方

1. ボウルを2つ用意し、それぞれにジャムとホイップ1本ずつを入れて混ぜる。
2. 容器を2つ用意し、それぞれに 1 を入れ、表面を平らにならす。
3. 冷凍室で3時間以上冷やし固めたら完成。

Point

ジャムはいちごとブルーベリーを合わせて、ミックスベリーにしてもおいしいです。あまり混ぜすぎず、マーブル状にすれば、仕上がりが映えます。

INDEX 調理方法別

作業だけで

ケーキ他
いちごのグラスケーキ ………………… 34
いちごのミルフィーユ ………………… 97

和風おやつ
きな粉棒 …………………………………149
ココア大福 ……………………………… 69
生きな粉 …………………………………150

冷やして

ケーキ
牛乳パックで寒天チョコレートケーキ … 84
牛乳パックでマシュマロチーズケーキ … 80
小枝でチーズケーキ …………………… 96
食パンで簡単ロールケーキ ……………133
チョコレートムースケーキ …………… 20
濃厚チーズケーキ ……………………… 73
パックそのままレアチーズケーキ …… 60
マシュマロヨーグルトケーキ ………… 72
ヨーグルトでレアチョコケーキ ……… 63

タルト他
簡単！レアチーズタルト ……………… 29
スイートポテトタルト ………………… 48
タルトタタン …………………………… 30
豆腐でレアチョコタルト ………………116
生チョコタルト ………………………… 68
冷やすだけのいちごタルト …………… 28
フルーチェでいちごタルト ……………132

クッキー
アイスサンドクッキー ………………… 22
生チョコサンドクッキー ……………… 24
ビスケットでチーズクリームサンド … 33

ティラミス
カップのままティラミス ……………… 42
豆腐でティラミス ………………………118
牧場の朝でティラミス ………………… 74

プリン
コーヒー牛乳パックプリン …………… 88
豆腐プリン ………………………………117

ゼリー系
カップそのままカフェラッテゼリー … 90
パックそのままフルーツ牛乳寒天 …… 82
パックそのままフルーツゼリー ……… 93

チョコレート菓子
ザクザクオレオチョコレート ………… 14
サクサク濃厚生チョコオレオサンド … 12
チョコもち ……………………………… 51
生チョコ …………………………………105

アイス
いちごとブルーベリーのヨーグルトアイス … 66
オレオでアイスクリーム ……………… 18
ジャムでアイス …………………………153
チョコレートアイスケーキ …………… 16
ヨーグルトチョコアイス ……………… 65

グミ
ジュースでフルーツグミ ……………… 94

炊飯器で

ケーキ
炊飯器でヨーグルトケーキ …………… 62

焼き菓子
チョコチップスコーン …………………114

電子レンジで

ケーキ他
ガトーきな粉 ……………………………122
キットカットでチョコケーキ ………… 98
きな粉シフォンケーキ …………………151
チーズベリーヌ ………………………… 32
チョコスコップケーキ ………………… 54
チョコパイで濃厚チョコレートケーキ …100
電子レンジでオレオケーキ …………… 19

豆腐ガトーショコラ	115
生チョコケーキ	56
ふわふわチョコカップケーキ	53
モンブラン	44

蒸しパン
いちごミルクで蒸しパン	85
ボウルのままココア蒸しパン	119
ヨーグルト蒸しパン	64

ドーナツ
チョコレートドーナツ	52
豆腐きな粉ドーナツ	120

クッキー
きな粉スノーボールクッキー	152
クリームチーズサンドクッキー	23

プリン
キャラメルプリン	112

和風おやつ
切りもちおかき	142
ごはんでおはぎ	148
豆腐でまんじゅう	124
豆腐もち	123
まるで赤福	145

フライパンや鍋で

ケーキ
フライパンでりんごケーキ	46

パン
豆腐でちぎりパン	126

蒸しパン
お鍋でコーヒー牛乳蒸しパン	86

ドーナツ
ふわふわドーナツ	40
ポンデリング	140
もちドーナツ	144

和風おやつ
水まんじゅう	146

トースターで

ケーキ
フォンダンショコラ	106
抹茶チーズケーキ	57

タルト
バター不要のチーズケーキタルト	26

パン
食パンでシナモンロール	136
食パンで本格メロンパン	138

焼き菓子
ココナッツサブレでフロランタン	36
ビスケットでフロランタン	35
プリンマフィン	76

クッキー
キリでクリチサンドクッキー	128
チョコクッキー	104

オーブンで

ケーキ
オイコスでスフレチーズケーキ	70
キャラメルパウンドケーキ	110
キャラメルバナナケーキ	108
食パンでバスクチーズケーキ	134
スイートポテトケーキ	41
プリンチーズケーキ	78
フルーチェでいちごのチーズケーキ	130
抹茶チョコケーキ	58
ミルクココアケーキ	92
ヨーグルトパウンドケーキ	75

パン
スーパーカップでパン	50

焼き菓子
スーパーカップでカヌレ	38

クッキー
オートミールクッキー	129
オレオメレンゲクッキー	13
マシュマロだけでメレンゲクッキー	102

INDEX　おやつ別

チョコケーキ

キットカットでチョコケーキ	98
牛乳パックで寒天チョコレートケーキ	84
チョコスコップケーキ	54
チョコパイで濃厚チョコレートケーキ	100
チョコレートムースケーキ	20
電子レンジでオレオケーキ	19
豆腐ガトーショコラ	115
生チョコケーキ	56
フォンダンショコラ	106
ふわふわチョコカップケーキ	53
抹茶チョコケーキ	58
ミルクココアケーキ	92
ヨーグルトでレアチョコケーキ	63

チーズケーキ

オイコスでスフレチーズケーキ	70
牛乳パックでマシュマロチーズケーキ	80
小枝でチーズケーキ	96
食パンでバスクチーズケーキ	134
濃厚チーズケーキ	73
パックそのままレアチーズケーキ	60
プリンチーズケーキ	78
フルーチェでいちごのチーズケーキ	130
抹茶チーズケーキ	57

ヨーグルトケーキ

炊飯器でヨーグルトケーキ	62
マシュマロヨーグルトケーキ	72

シフォンケーキ

きな粉シフォンケーキ	151

パウンドケーキ

キャラメルパウンドケーキ	110
ヨーグルトパウンドケーキ	75

ロールケーキ

食パンで簡単ロールケーキ	133

グラスケーキ

いちごのグラスケーキ	34
チーズベリーヌ	32

果物・さつまいも・栗のケーキ

キャラメルバナナケーキ	108
スイートポテトケーキ	41
フライパンでりんごケーキ	46
モンブラン	44

タルト

簡単！レアチーズタルト	29
スイートポテトタルト	48
タルトタタン	30
豆腐でレアチョコタルト	116
生チョコタルト	68
バター不要のチーズケーキタルト	26
冷やすだけのいちごタルト	28
フルーチェでいちごタルト	132

ミルフィーユ

いちごのミルフィーユ	97

パン

食パンでシナモンロール	136
食パンで本格メロンパン	138
スーパーカップでパン	50
豆腐でちぎりパン	126

蒸しパン

いちごミルクで蒸しパン	85
お鍋でコーヒー牛乳蒸しパン	86
ボウルのままココア蒸しパン	119
ヨーグルト蒸しパン	64

ドーナツ

チョコレートドーナツ	52
豆腐きな粉ドーナツ	120
ふわふわドーナツ	40
ポンデリング	140
もちドーナツ	144

焼き菓子

ココナッツサブレでフロランタン	36
スーパーカップでカヌレ	38
チョコチップスコーン	114
ビスケットでフロランタン	35
プリンマフィン	76

クッキー

アイスサンドクッキー	22
オートミールクッキー	129
オレオメレンゲクッキー	13
きな粉スノーボールクッキー	152
キリでクリチサンドクッキー	128
クリームチーズサンドクッキー	23
チョコクッキー	104
生チョコサンドクッキー	24
ビスケットでチーズクリームサンド	33
マシュマロだけでメレンゲクッキー	102

チョコレート菓子

ザクザクオレオチョコレート	14
サクサク濃厚生チョコオレオサンド	12
チョコもち	51
生チョコ	105

ティラミス

カップのままティラミス	42
豆腐でティラミス	118
牧場の朝でティラミス	74

プリン

キャラメルプリン	112
コーヒー牛乳パックプリン	88
豆腐プリン	117

ゼリー系

カップそのままカフェラッテゼリー	90
パックそのままフルーツ牛乳寒天	82
パックそのままフルーツゼリー	93

アイス

いちごとブルーベリーのヨーグルトアイス	66
オレオでアイスクリーム	18
ジャムでアイス	153
チョコレートアイスケーキ	16
ヨーグルトチョコアイス	65

和風おやつ

ガトーきな粉	122
きな粉棒	149
切りもちおかき	142
ココア大福	69
ごはんでおはぎ	148
豆腐でまんじゅう	124
豆腐もち	123
生きな粉	150
まるで赤福	145
水まんじゅう	146

グミ

ジュースでフルーツグミ	94

INDEX 材料別

パン／ごはん／シリアルなど

食パン
食パンで簡単ロールケーキ ……………… 133
食パンでシナモンロール ………………… 136
食パンでバスクチーズケーキ …………… 134
食パンで本格メロンパン ………………… 138

ごはん
ごはんでおはぎ …………………………… 148

切りもち
切りもちおかき …………………………… 142
ポンデリング ……………………………… 140
もちドーナツ ……………………………… 144

シリアル
ココナッツサブレでフロランタン ……… 36

オートミール
オートミールクッキー …………………… 129

ライスペーパー
ココア大福 ………………………………… 69

粉類

ホットケーキミックス
いちごミルクで蒸しパン ………………… 85
お鍋でコーヒー牛乳蒸しパン …………… 86
キットカットでチョコケーキ …………… 98
キャラメルパウンドケーキ ……………… 110
キャラメルバナナケーキ ………………… 108
キリでクリチサンドクッキー …………… 128
炊飯器でヨーグルトケーキ ……………… 62
チョコスコップケーキ …………………… 54
チョコチップスコーン …………………… 114
チョコレートドーナツ …………………… 52
豆腐きな粉ドーナツ ……………………… 120
豆腐でちぎりパン ………………………… 126
豆腐でまんじゅう ………………………… 124
生チョコケーキ …………………………… 56
フライパンでりんごケーキ ……………… 46
プリンマフィン …………………………… 76
フルーチェでいちごのチーズケーキ …… 130
ふわふわチョコカップケーキ …………… 53
ふわふわドーナツ ………………………… 40
ボウルのままココア蒸しパン …………… 119
ポンデリング ……………………………… 140
抹茶チョコケーキ ………………………… 58
ミルクココアケーキ ……………………… 92
もちドーナツ ……………………………… 144
モンブラン ………………………………… 44
ヨーグルトパウンドケーキ ……………… 75
ヨーグルト蒸しパン ……………………… 64

薄力粉
オイコスでスフレチーズケーキ ………… 70
きな粉スノーボールクッキー …………… 152
食パンで本格メロンパン ………………… 138
スーパーカップでカヌレ ………………… 38
スーパーカップでパン …………………… 50

片栗粉
チョコクッキー …………………………… 104
チョコもち ………………………………… 51
豆腐もち …………………………………… 123
水まんじゅう ……………………………… 146

米粉
濃厚チーズケーキ ………………………… 73
まるで赤福 ………………………………… 145

お菓子以外の食材

絹ごし豆腐
ガトーきな粉 ……………………………… 122
チョコチップスコーン …………………… 114
豆腐ガトーショコラ ……………………… 115
豆腐きな粉ドーナツ ……………………… 120
豆腐でちぎりパン ………………………… 126
豆腐でティラミス ………………………… 118
豆腐でまんじゅう ………………………… 124
豆腐でレアチョコタルト ………………… 116
豆腐プリン ………………………………… 117
豆腐もち …………………………………… 123
ボウルのままココア蒸しパン …………… 119

フルーツ
いちごのグラスケーキ …………………… 34
いちごのミルフィーユ …………………… 97
キャラメルバナナケーキ ………………… 108
タルトタタン ……………………………… 30
チョコスコップケーキ …………………… 54
生チョコタルト …………………………… 68
パックそのままフルーツ牛乳寒天 ……… 82
冷やすだけのいちごタルト ……………… 28
フライパンでりんごケーキ ……………… 46
フルーチェでいちごのチーズケーキ …… 130

さつまいも
スイートポテトケーキ …………………… 41
スイートポテトタルト …………………… 48

甘栗
モンブラン ………………………………… 44

スライスアーモンド
ビスケットでフロランタン ……………… 35

あんこ
ごはんでおはぎ …………………………… 148
豆腐でまんじゅう ………………………… 124
まるで赤福 ………………………………… 145
水まんじゅう ……………………………… 146

きな粉
ガトーきな粉 ……………………………… 122
きな粉シフォンケーキ …………………… 151
きな粉スノーボールクッキー …………… 152
きな粉棒 …………………………………… 149
ごはんでおはぎ …………………………… 148
豆腐きな粉ドーナツ ……………………… 120
豆腐もち …………………………………… 123
生きな粉 …………………………………… 150

フルーチェ
フルーチェでいちごタルト ……………… 132
フルーチェでいちごのチーズケーキ …… 130

ジャム
ジャムでアイス …………………………… 153

ゼラチン／寒天
カップそのままカフェラッテゼリー …… 90
牛乳パックで寒天チョコレートケーキ … 84
コーヒー牛乳パックプリン ……………… 88
ジュースでフルーツグミ ………………… 94
豆腐プリン ………………………………… 117
パックそのままフルーツ牛乳寒天 ……… 82
パックそのままフルーツゼリー ………… 93
パックそのままレアチーズケーキ ……… 60
フルーチェでいちごタルト ……………… 132

市販菓子／市販スイーツ

オレオ（クッキー）
オレオでアイスクリーム ………………… 18
オレオメレンゲクッキー ………………… 13
ザクザクオレオチョコレート …………… 14
サクサク濃厚生チョコオレオサンド …… 12
チョコレートアイスケーキ ……………… 16
チョコレートムースケーキ ……………… 20
電子レンジでオレオケーキ ……………… 19

チョイス／マリー（ビスケット）
アイスサンドクッキー …………………… 22
いちごのグラスケーキ …………………… 34
簡単！レアチーズタルト ………………… 29
牛乳パックでマシュマロチーズケーキ … 80
クリームチーズサンドクッキー ………… 23
小枝でチーズケーキ ……………………… 96
スイートポテトタルト …………………… 48
タルトタタン ……………………………… 30
チーズベリーヌ …………………………… 32
豆腐でレアチョコタルト ………………… 116
生チョコサンドクッキー ………………… 24
生チョコタルト …………………………… 68
バター不要のチーズケーキタルト ……… 26
ビスケットでチーズクリームサンド …… 33
ビスケットでフロランタン ……………… 35
冷やすだけのいちごタルト ……………… 28
フルーチェでいちごタルト ……………… 132
牧場の朝でティラミス …………………… 74
マシュマロヨーグルトケーキ …………… 72

ココナッツサブレ（サブレ）
ココナッツサブレでフロランタン ……… 36

小枝
小枝でチーズケーキ ……………………… 96

キットカット
キットカットでチョコケーキ …………… 98

チョコパイ
チョコパイで濃厚チョコレートケーキ … 100

ウエハース
いちごのミルフィーユ …………………… 97

チョコレート
アイスサンドクッキー …………………… 22
牛乳パックで寒天チョコレートケーキ … 84
ザクザクオレオチョコレート …………… 14
サクサク濃厚生チョコオレオサンド …… 12
チョコクッキー …………………………… 104
チョコチップスコーン …………………… 114
チョコパイで濃厚チョコレートケーキ … 100
チョコレートアイスケーキ ……………… 16
チョコレートドーナツ …………………… 52
チョコレートムースケーキ ……………… 20
豆腐ガトーショコラ ……………………… 115
豆腐でレアチョコタルト ………………… 116
生チョコ …………………………………… 105
生チョコケーキ …………………………… 56
生チョコサンドクッキー ………………… 24
生チョコタルト …………………………… 68
フォンダンショコラ ……………………… 106
マシュマロだけでメレンゲクッキー …… 102
ヨーグルトでレアチョコケーキ ………… 63

ホワイトチョコレート
ザクザクオレオチョコレート …………… 14
抹茶チョコケーキ ………………………… 58
ヨーグルトチョコアイス ………………… 65

158

マシュマロ
牛乳パックでマシュマロチーズケーキ …… 80
マシュマロだけでメレンゲクッキー …… 102
マシュマロヨーグルトケーキ …… 72

ミルクキャラメル
キャラメルパウンドケーキ …… 110
キャラメルバナナケーキ …… 108
キャラメルプリン …… 112
ココナッツサブレでフロランタン …… 36
ビスケットでフロランタン …… 35

プリン
プリンチーズケーキ …… 78
プリンマフィン …… 76

スーパーカップ（アイスクリーム）
カップのままティラミス …… 42
キットカットでチョコケーキ …… 98
スイートポテトケーキ …… 41
スイートポテトタルト …… 48
スーパーカップでカヌレ …… 38
スーパーカップでパン …… 50
チョコスコップケーキ …… 54
チョコパイで濃厚チョコレートケーキ …… 100
チョコもち …… 51
チョコレートドーナツ …… 52
生チョコケーキ …… 56
フライパンでりんごケーキ …… 46
ふわふわチョコカップケーキ …… 53
ふわふわドーナツ …… 40
抹茶チーズケーキ …… 57
抹茶チョコケーキ …… 58
モンブラン …… 44

市販飲料／粉末飲料

豆乳
豆腐プリン …… 117

フルーツジュース
ジュースでフルーツグミ …… 94
パックそのままフルーツゼリー …… 93

いちごミルク
いちごミルクで蒸しパン …… 85

コーヒー牛乳／カフェラッテ
お鍋でコーヒー牛乳寒天ゼリー …… 86
カップそのままカフェラッテゼリー …… 90
コーヒー牛乳パックプリン …… 88

ミルクココア（粉末）
ミルクココアケーキ …… 92

乳製品／卵

ブルガリアヨーグルト
炊飯器でヨーグルトケーキ …… 62
パックそのままレアチーズケーキ …… 60
ヨーグルトチョコアイス …… 65
ヨーグルトでレアチョコケーキ …… 63
ヨーグルト蒸しパン …… 64

オイコス（水切りヨーグルト）
いちごとブルーベリーのヨーグルトアイス …… 66
オイコスでスフレチーズケーキ …… 70
ココア大福 …… 69
生チョコタルト …… 68
濃厚チーズケーキ …… 73
マシュマロヨーグルトケーキ …… 72

牧場の朝（ヨーグルト）
牧場の朝でティラミス …… 74
ヨーグルトパウンドケーキ …… 75

クリームチーズ
カップのままティラミス …… 42
簡単！レアチーズタルト …… 29
牛乳パックでマシュマロチーズケーキ …… 80
キリでクリチサンドクッキー …… 128
クリームチーズサンドクッキー …… 23
小枝でチーズケーキ …… 96
ザクザクオレオチョコレート …… 14
食パンでバスクチーズケーキ …… 134
豆腐でティラミス …… 118
濃厚チーズケーキ …… 73
バター不要のチーズケーキタルト …… 26
パックそのままレアチーズケーキ …… 60
ビスケットでチーズクリームサンド …… 33
プリンチーズケーキ …… 78
フルーチェでいちごのチーズケーキ …… 130
牧場の朝でティラミス …… 74
抹茶チーズケーキ …… 57

牛乳
キャラメルパウンドケーキ …… 110
キャラメルバナナケーキ …… 108
キャラメルプリン …… 112
牛乳パックで寒天チョコレートケーキ …… 84
牛乳パックでマシュマロチーズケーキ …… 80
チーズベリーヌ …… 32
チョコもち …… 51
電子レンジでオレオケーキ …… 19
生きな粉 …… 150
生チョコ …… 105
パックそのままフルーツ牛乳寒天 …… 82
フォンダンショコラ …… 106
フルーチェでいちごタルト …… 132
ポンデリング …… 140
もちドーナツ …… 144

生クリーム
いちごのグラスケーキ …… 34
いちごのミルフィーユ …… 97
オレオでアイスクリーム …… 18
簡単！レアチーズタルト …… 29
サクサク濃厚生チョコオレオサンド …… 12
食パンで簡単ロールケーキ …… 133
チョコレートアイスケーキ …… 16
生チョコサンドクッキー …… 24
ビスケットでチーズクリームサンド …… 33

しぼるだけホイップ
アイスサンドクッキー …… 22
カップそのままカフェラッテゼリー …… 90
キットカットでチョコケーキ …… 98
きな粉シフォンケーキ …… 151
小枝でチーズケーキ …… 96
ココア大福 …… 69
ジャムでアイス …… 153
チョコスコップケーキ …… 54
チョコレートムースケーキ …… 20
冷やすだけのいちごタルト …… 28
モンブラン …… 44
ヨーグルトチョコアイス …… 65

バター（無塩）
食パンでシナモンロール …… 136
食パンで本格メロンパン …… 138
生チョコサンドクッキー …… 24

卵
オイコスでスフレチーズケーキ …… 70
オレオメレンゲクッキー …… 13
ガトーきな粉 …… 122
きな粉シフォンケーキ …… 151
キャラメルプリン …… 112
クリームチーズサンドクッキー …… 23
食パンでバスクチーズケーキ …… 134
スイートポテトケーキ …… 41
炊飯器でヨーグルトケーキ …… 62
豆腐ガトーショコラ …… 115
バター不要のチーズケーキタルト …… 26
フォンダンショコラ …… 106
プリンチーズケーキ …… 78
抹茶チーズケーキ …… 57
ミルクココアケーキ …… 92
ヨーグルトパウンドケーキ …… 75

調味料

しょうゆ
切りもちおかき …… 142

酢
チーズベリーヌ …… 32

白砂糖
切りもちおかき …… 142

はちみつ
オートミールクッキー …… 129
きな粉棒 …… 149

練乳
オレオでアイスクリーム …… 18

シナモン
食パンでシナモンロール …… 136

バニラエッセンス
オレオメレンゲクッキー …… 13

トッピング

チョコレートソース
カップそのままカフェラッテゼリー …… 90

ココアパウダー
カップのままティラミス …… 42
ココア大福 …… 69
チョコもち …… 51
チョコレートムースケーキ …… 20
豆腐ガトーショコラ …… 115
豆腐でティラミス …… 118
生チョコ …… 105
ボウルのままココア蒸しパン …… 119
牧場の朝でティラミス …… 74

粉糖
電子レンジでオレオケーキ …… 19
ポンデリング …… 140
抹茶チョコケーキ …… 58

syun cooking

2001年、大阪生まれ。
5年前からスイーツ作りにハマり始める。レシピ開発の面白さに気づき、独学で考えたレシピをSNSで配信。「材料4つまで」の、初心者や子ども向けのスイーツレシピを得意としている。現在、SNSの総フォロワー数は275万人超（2024年8月現在）。
既著『常識やぶりのアイデアおやつ』（大和書房）は、第11回料理レシピ本大賞にて「大賞【お菓子部門】」と「ニュースなレシピ賞」をW受賞。

TikTok	:	syuncooking
YouTube	:	@syuncooking
Instagram	:	syun_cooking
X	:	@SyunCooking

ますます常識やぶりのアイデアおやつ
「材料4つまで」の100レシピ

2024年10月 1 日　第1刷発行
2025年 6 月20日　第6刷発行

著者	syun cooking
発行者	大和 哲
発行所	大和書房
	東京都文京区関口1-33-4
デザイン	内村美早子（anemone graphic）
撮影	片桐圭・中田浩資（Lingua franca）
スタイリング	川﨑尚美
Special Thanks	神尾一成（ノボタ）
撮影協力	トラモンティーナ・ジャパン
編集	滝澤和恵（大和書房）
印刷	歩プロセス
製本	ナショナル製本

© 2024 syun cooking, Printed in Japan
ISBN 978-4-479-92174-5
乱丁本・落丁本はお取り替えいたします
https://www.daiwashobo.co.jp